有效沟通

把话说到点子上

启 文　编著

花山文艺出版社
河北·石家庄

图书在版编目（CIP）数据

把话说到点子上/启文编著．--石家庄：花山文艺出版社，2020.5
（有效沟通/张采鑫，陈启文主编）
ISBN 978-7-5511-5140-5

Ⅰ．①把… Ⅱ．①启… Ⅲ．①语言艺术—通俗读物 Ⅳ．①H019-49

中国版本图书馆CIP数据核字（2020）第066307号

书　　名：有效沟通
　　　　　　YOUXIAO GOUTONG
主　　编：张采鑫　陈启文
分 册 名：把话说到点子上
　　　　　　BA HUA SHUODAO DIANZI SHANG
编　　著：启　文
责任编辑：于怀新
责任校对：卢水淹
封面设计：青蓝工作室
美术编辑：胡彤亮
出版发行：花山文艺出版社（邮政编码：050061）
　　　　　　（河北省石家庄市友谊北大街330号）
销售热线：0311-88643221/29/31/32/26
传　　真：0311-88643225
印　　刷：北京朝阳新艺印刷有限公司
经　　销：新华书店
开　　本：850毫米×1168毫米　1/32
印　　张：30
字　　数：660千字
版　　次：2020年5月第1版
　　　　　　2020年5月第1次印刷
书　　号：ISBN 978-7-5511-5140-5
定　　价：178.80元（全6册）

（版权所有　翻印必究·印装有误　负责调换）

前　言

　　说话是一门学问，一门艺术，同时，说话也是一种智慧，一种能力，一种生活态度的体现。古时候就有"一言以兴邦，一言以丧邦"，而在当代社会，同样也是"一句话可以让人笑，一句话也可让人跳"，这就是把话说到点子上的艺术。

　　春秋战国时期，社会极其动荡不安，各诸侯国之间为了各自的利益，不断攻伐，战事频仍。然而乱世出英才，这个时候涌现出了不少以雄辩闻名的外交家、纵横家，用他们那三寸不烂之舌，周旋于列国之间，挽狂澜于既倒，弭战事于无形。

　　一言之辩，重于九鼎之宝；三寸之舌，胜于百万之师。把话说到点子上是何等重要。良好的口才，恰到好处地表达，不仅能带来顺畅的沟通，还能给人带来自信与融洽的人际关系。在他人面前，一个人若能够清晰准确、生动形象地表达出自己的思想和意念，他的自信心必定会大增，他成功的概率必定会更高，他的性格会越来越温煦与美好，他的人际关系也会随之变得越来越和谐。

　　而在现代社会，更离不开良好的口语表达。你知识学得再好，要是不会说话，不能把话说到点子上，或者说出来的话没有说服力，不能让别人认同你，一切仍是枉然。在拥有渊博的知识之外，还需要一副出色的口才，才能为你自己的事业打开局面，进而获得成功。

翻开本书，你会看到那些说话自如的人是怎样让自己摆脱尴尬、转危为安的，他们又是怎样运用各种不同说话技巧来营造自己的幸福生活的。而说话的本领并不是天生的，本书将帮助你充分掌握高超的说话技巧，进而成为一个成功的人。

目 录

第一章　善于说话是一种资本／1
　　优雅的谈吐得人喜欢／2
　　会说话，能成功／6
　　会说话的人自信心强／8
　　善于说话，机遇多多／10
　　口才是一种竞争力／12
　　会说话不是天生的／15

第二章　话说到点子上才有力度／19
　　怎么把话说到点子上／20
　　说话的方式因人而异／25
　　说服他人，一语中的／29
　　话不在多，而在恰当／33
　　找一个新奇的话题／38
　　不要戳别人的痛处／43
　　言简意赅，不说废话／46

第三章 随机应变，用话语化险为夷 / 49

到什么山，唱什么歌 / 50
顺水推舟，巧妙说话 / 55
一语双关，化解尴尬 / 58
学会使用反语 / 62
"别解"词语有妙用 / 67
糊涂说话，明哲保身 / 72
给自己找个台阶下 / 77
声东击西的说话艺术 / 82

第四章 谈判交涉讲策略 / 85

学会掂量自己 / 86
先礼后兵，勿意气说话 / 89
敢于说"不"，善于说"不" / 92
说话之道，攻心为上 / 96
旁敲侧击，委婉说话 / 101
不要把话说得太满 / 105

第五章 美满的婚姻离不开嘴上经营 / 109

初次见面如何开口 / 110
求爱何妨幽默一点 / 114
时不时卖个关子 / 117
学会欣赏对方 / 121
如何为爱情添一把盐 / 125

切忌絮絮叨叨 / 131

第六章 别"踩"批评的"雷区" / 135

忠言逆耳,点到为止 / 136
让批评伴随着祝福 / 140
让批评多一点风趣 / 143
批评他人切忌没完没了 / 149

第一章
善于说话是一种资本

美国著名教育专家卡耐基非常推崇说话能力,他说:"假如你的口才好……可以使人家喜欢你,可以结交好的朋友,可以开辟前程,使你获得满意的结果。譬如你是一个律师,你的口才便能够吸引一切诉讼的当事人;譬如你是一个店主,你的口才能够帮助你吸引顾客。"

这世界上有许多人,因为他们能说会道而人生得意,也有不少人因为不善言辞而郁郁不得志。所以,请不要以为这是小事,人的一生,有一大半的成功,是源于说话艺术。

优雅的谈吐得人喜欢

英国著名的思想家本·琼森曾经说过这样的一句话:"谈吐是一个人的最好特征。"换句话说,我们每个人的谈吐,就是我们自身形象的展示。谈吐不仅是我们自身形象的展示,还是我们与别人沟通交流的重要媒介。因此,我们要想树立美好的形象,与他人进行和谐的沟通,就必须注意我们的谈吐,说出得体的话语,从而在人际交往中受到别人的欢迎。

很多人没有意识到这一点:一个人的谈吐,能够体现这个人全部的品格、修养、才学以及城府。哈佛大学曾经的校长伊立特说过:"在造就一个有教养的人的教育中,有一种训练是必不可少的,那就是,优美而文雅的谈吐。"言语是思想的衣裳,在粗俗和优美的措辞中,展现出不同的品格,在不知不觉间给别人留下了好或不好的形象。

有关研究表明,在劝说别人时,其效果只有8%与内容有关,42%与仪容有关,而50%却与言谈有关。不管哪一种职业,都要与他人建立职业关系。在各种不同的场合,针对形形色色、个性心理迥异的人,都需要做到用语恰当、谈吐得体、不亢不卑、不温不火。良好的口才不但可以显示一个人得体的外在气质,也能够很好地显示个人的素质修养。甚至在求职招聘的时候,谈吐得体的人往往是招聘者们最青睐的，自然，得体的谈吐也能够为你的面试增加印象分。

某省的一家知名的外贸公司因为需要进一步拓展业务，就决定面向社会公开招聘十名业务管理人员。招聘广告登出以后，人才招聘处便被里三层外三层地围个水泄不通……应聘人数竟高达数百人。经过笔试和面试两道关卡之后，最后筛选出20人。这筛选出来的20位应聘者个个都很优秀。论写，无论是中文还是外文，都是无懈可击；论讲，个个都有问必答，应对如流，滔滔不绝，难分胜负。对于这些人才，该公司一时之间感到难以取舍，对于最终的人选定决颇感踌躇。最后，公司发出公告：请应聘者第二天到公司门口看榜。同时，为了感谢应聘者对公司的厚爱，晚上将在某酒家设宴招待以表感激。事实上，该公司是打算通过这次酒宴对应聘者再次进行筛选，从而确定最终的人选。

宴会在热烈的气氛中进行。该公司的几个部门的总经理坐在应聘者中间，频频举杯，互作酬答，你来我往，笑语欢声不断。这次酒宴，公司的标准是"醉翁之意不在酒，在于人才之间也。"其目的是煮酒论英雄。该公司认为：笔试和面试只是反映了应聘者的专业知识和部分素质，并不能够反映出一个人的综合素质。因为应聘者都是有备而来，并且都分外警觉，所以，有些缺点不可能暴露出来。而在气氛热烈的酒宴上，一些应聘者认为大局已定，思想不再设防，于是，一个真正的"自我"便展现在了招聘者的面前。

在宴会上，有的应聘者因为担心自己不会被公司录用，于是就显得沉默寡言，郁郁寡欢。这些应聘者性格过于内向，缺少一定的交际能力，不适合从事外贸工作。有的应聘者自我感觉良好，这些人业务上确实高人一等，并且在面试的时候也颇具有绅士风度，似乎很完美。但是，在酒宴上，他们的"庐山真面目"就一览无余：谈笑间无所顾忌，有失风度；有的应聘者更是出言不凡："××经理，你只要录用我，两年之内，我保证给你赚几十万。"这种人总是喜欢说大话，看似有胆有识，其实只不过是言过其实，给人一种有些狂妄的感觉……可想而知，上述的这些应聘者最终自然落选了，而那些自始至终言谈得体、大方的人，最终胜出了。

有些人的谈吐，让你耳目一新，由衷赞叹。有些人的谈吐，让你不知所云，实在提不起兴趣，真的不想多听；比如幽默笑话，有人讲起来，会让你从心里笑出，回味绵长；有人讲起来，会让你哑然失笑，但一笑了之；有人讲起来，你只能苦笑，更有甚者让你恶心得要死。所以，如果我们想要在人际交往中给别人留下好印象，就要注意提升自己的表达能力。优雅的谈吐加上得体的语言，即使是简单的内容，也能打动别人。

富兰克林的自传中有这样一段话："我在约束我自己的时候，曾有一张美德检查表。当初那表上只列着12种美德。后来，有一个朋友告诉我，说我讲话时有傲气，这使人觉得盛气凌人。于是，我立刻注意这位友人给我的忠告，我觉得它足以影响我的前途。然后我在表上特别列上虚心一项，我决定竭力避免说出一切直接冒犯别人感情的话，甚至禁止自己使用一切确定的词句，像'当然''一定'……而以'也许—我想''我认为''就是这样''大概''或许'……来代替。"富兰克林又说，说话和事业的进展有很大的关系，是一个人能力的主要体现。如果出言不慎，与别人争辩，那么，将不可能获得别人的同情、别人的合作、别人的帮助。这是千真万确的。所以，一个人想获得事业上的成功，必须具有能够应付一切的口才。要使别人瞧得起自己,先要自己瞧得起自己,决不可露出乞怜的样子。你可以谦逊,但绝不可谄媚。你不可唯唯诺诺,使人觉得你语言没有动人之处。你发表意见时不可肆意批评别人;更不可告诉对方说你的计划一定成功,如果雇用你,必可使业务发展——类似这样的话只能让对方心里称许,不应由自己说出。自夸必连带着固执,这种态度只会使人厌恶。去访问一个人,把目的简单地说出之后,你就应该告辞。即使环境许可你逗留一些时间,你也应该立刻把话题转到别处。

比如求职应聘,最重要的是表现自己的素质和能力,打肿脸充胖子的行为是不宜的,只能虚骗一时。如果应聘令你胆战心惊,那么这也许是你深深地明白自己能力尚且不足的缘故。这时谈话的范围要守在一定的界限内,不要谈办公室的陈设,不要谈对方的一身装束,而且要有一定的时间观念,你必须把你的资格和能力表达出来,在很短的时间内将其交代清楚,所以这时就是检验你所受训练、教育及能力如何的关键时刻。

在工作上,要能胜任并心情愉快,不要摆一副冷面孔,尽量减少情绪上的困扰及不切实际的空想。你可以和同事谈谈工作上所需要的知识,谈谈工作经验,要诚心诚意,不存任何成见。在一起工作的人,必须彼此尊重、关心,态度温和,坦诚相待。

再者,失言是常有的事。不要故作糊涂或者虚张声势。应该立即承认自己犯了错误,认错同样能赢来尊重,而且还会大大增加你说话的力量,使你往后所说的每一句话都掷地有声。

会说话，能成功

古希腊有一位著名的寓言大师伊索，相传他年轻时在某贵族家当过奴仆。有一次，主人设宴，来者多是哲学家。主人令伊索备办最好的酒菜待客，伊索却专门收集了各种动物的舌头，办了个舌头宴。开餐时，主人大吃一惊，问道："这是怎么回事？"伊索答道："您吩咐我为这些尊贵的客人办最好的菜，而舌头是引导各种学问的关键，对于这些哲学家来说，舌头宴不就是最好的菜吗？"客人听了，个个发出赞赏的笑声。主人吩咐伊索说："那我明天要再办一次酒席，菜要最坏的。"次日，开席上菜时，依然是舌头。主人见状，大发雷霆，斥问伊索缘由，伊索不慌不忙地回答："难道一切坏事不是从口中出来的吗？舌头不仅是最好的东西，同时也是最坏的东西啊！"主人听后，虽然恼羞不已，但也无话可驳。

虽然这则关于伊索的故事是否属实我们无从得知，但它所含的寓意却如真理一般——说话对人类来说具有无法估量的巨大作用。西方一位哲人曾经说过："世间有一种成就可以使人在短时间内完成伟业，并获得世人的认识，那就是讲话能够令人喜悦的能力。"由此可见，拥有一张善于说话的嘴是多么重要。

在今天这个充满竞争的社会，一个人能否成功，不仅取决于他所掌握的知识、拥有的能力、做事的经验，同时还离不开说话的能力。生活在社会中，我们每天都要跟各种各样的人打交道。曾有学者估算过，一个人平均每天要说18000个词语。这么算起来，每个人每天要说很多话，而且越是能办事、办事多的人，说话肯定就越多。如果一个人想要在社会中有一番成就，就不仅要会做事，更要善于说话。

纵观历史上众多的名人，以及当今社会的成功人士，大多都是善于说话之人。越来越多的人逐渐认识到：说话、演讲的能力已成为现代人必须具备的重要能力，更是创造型、开拓型人才的必备素质。因为现实生活中有很多有着优异才华的人，因缺乏说话方面的才能，更因为不懂得学习和锻炼，丧失了很多机会。因此，具备优秀的说话能力，是今日讲求竞争力的必备才能之一，是迈向成功的重要法宝。

一个人事业的成功与否离不开说话。善于说话的人可以获得别人的同情、帮助，受到他人的赞赏。在现代社会，善于说话才能够让我们在任何场所、任何时候都备受瞩目，才能够让我们时常处于优势地位，才能够让我们在调整周围人际关系和经济关系的过程中更得心应手、心想事成。如今，善于说话既是一种技艺，同时更是必要的本领。

会说话的人自信心强

不难发现，那些能在众人面前滔滔不绝地讲话的人，也是一个充满自信的人。曾经有人做过一个调查，想搞清楚人们进行口才训练的原因和内心愿望是什么，调查的结果惊人的一致——大多数人的内心愿望与原因基本是一样的，他们是这样回答的："当人们要我站起来讲话时，我觉得很不自在，很害怕，使我不能清晰地思考，不能集中精力，不知道自己要说的是什么。所以我的最大愿望就是可以在公众面前自信、泰然地发表自己的观点，且逻辑清晰，内涵丰富，让人折服。"

虽然这两者之间没有必然的因果关系，但事实上有强烈自信心的人，一般都是能言善辩的人。因为良好的说话能力可以增强一个人的自信心，而一个人的谈吐又是自信的外在表现。

"人是善于说话的动物。"在生活中，随时都会有让你讲话的时候，每个人的内心深处也都渴望有展现自己、向大家发表观点、看法的机会。但是，有不少人总是带有很强的自卑感。其实，信心和胆量是可以通过锻炼培养的。我们每个人都想做一个出色的人，希望获得他人的好评，希望自己在他人心中树立高大的形象，而要想受人欢迎，必须先让人了解自己。适当地表现自己，会让自己充满信心和力量，这种力量又会促进我们更加完善自己。

一个善于说话的人，因为自己良好的语言能力，总是能够备受瞩目，所以，可以总是在众人面前自信满满。虽然说，一个人要想充满自信，首先要对自己有信心，但是不得不承认的是，大多数人的信心都是来源于别人的肯定。这也就是为什么口才好的人总是能够充满自信，而那些不善言辞，口才不好的人总是自卑。

　　因此，如果一个人想让自己充满信心，首先可以通过加强自己的口才能力，让自己能在公众面前发表讲话，大胆表现自己，从而慢慢树立起自信。

善于说话，机遇多多

机遇对于一个人是否成功起着重要的作用。有时一次机遇，就可以改变一个人的人生轨迹。有句话说：机会面前人人平等。但事实上却并非如此。因为我们的生活中常常不乏这样的事情：一次不同的机遇造就了不一样的人生，从而拉开了人与人之间在生活、事业上的差异。但为什么有的人得到了机遇，而有的人没有呢？有时就取决于一个人口才的好坏，好的口才可以让一个人赢得更多的机遇。

当今社会，是一个充满挑战和竞争的社会。俗话说"七分本事，三分机遇"。在竞争中，谁把握了机遇，谁就把握住了走向成功的密码。机遇稍纵即逝，能否抓住机遇非常重要。有句话叫"机会都是人自己创造的"。我们常常看到的那些名人、成功人士，看似十分幸运，他们的成功其实是通过自己争取到的。我们时常幻想着机遇能从天而降，实际上让机遇主动找自己并不是天方夜谭，不少名人就是依靠自己优秀的口才，从一些细节入手，创造了不少常人眼里"让机遇找自己"的神话。

有这样一个故事：某公司要招考一位打字员。初试选定了两名，最后面试时再决定录用其中一人。这两人一位是华裔，一位是西班牙人。西班牙小姐每分钟打30个字，华裔小姐每分钟能打

70个字。但是考完之后,这位中国女子安静地等在门外,而西班牙小姐却径直闯进经理的办公室。她声称自己打字技术一向快速准确,只是当时太紧张了,没考好,但是这份工作对她太重要,她非得到不可。最后西班牙小姐被录用了。而那位打字技巧高于西班牙人的华裔小姐却在等候中失去了机会。

很多有才华的年轻人之所以怀才不遇,感叹生活艰难、世事不公平,原因不在于他们的才华不为人所知,而在于他们不懂得如何表现自己,更在于他们没有建立良好的人际关系。他们或内向,或自负,或木讷,或狂傲,不懂得如何与人沟通,不懂得如何与人建立联系,也不懂得如何靠人际关系来为自己获得成功。

机遇无处不在,善于言谈的人,可以借助口才的力量促成自己的事业,为社会多做贡献。而拙于言谈的人,往往会失去机遇,或将事情越办越糟,因而抱恨终生。所以,现代社会的种种机遇,要靠你的口才来开拓。

一个人的一生是否能够成功,和这个人的口才好坏有着很大的关系。如果能口若悬河,滔滔不绝,就可以赢得人们的一份尊敬,就能比别人多赢得一份机会。的确,能够在交谈中把自己的想法有效地表达出来的人,走到哪里都可以出人头地。他们不但可借口才引起旁人的重视,也比一般人拥有更多、更好的发展机会。

口才是一种竞争力

现代社会是个竞争激烈的社会，口才已经成为人才竞争的重要素质之一，它是人们取得成功的基石，是迈向成功的第一步。成功学大师戴尔·卡耐基说："一个人的成功，85%靠人际关系，人际关系的成功，85%靠沟通。"事实正是如此，在人的一生中，事业要取得成功，85%归因于与别人的沟通，15%是来源于自己的能力。

我国首次载人航天飞行成功之后，宇航员杨利伟便成了名人。他之所以成为首位进入太空的宇航员主要有三个原因：他的心理素质好，口头表达能力强，说话有条理、有分寸。杨利伟认为，航天无小事，不管做什么事情，都尽最大努力做好，就连训练后的总结会、训练小结也是如此。在总结会上，杨利伟准备充分，积极发言，发言条理清晰，逻辑性强，态度从容。在最终确定三人为首飞候选人之时，三人各方面都十分优秀，难分高下，只是考虑到作为我国第一位进入太空的宇航员，要面对全世界的目光，接受新闻媒体采访，进行巡回演讲，才最后决定选择口才好的杨利伟。

由此可以看出，口才能在竞争中决定一个人的成败，是赢得胜利的资本。试想，如果杨利伟没有好口才，他可能就无法成为首位进入太空的宇航员。而在生活中，我们也常常遇到需要和别人竞争的时候，殊不知，善于说话对我们来说同样重要。所以，我们不妨努力训练自己的口头表达能力，在汇报、演讲、发言等场合中着力表现自己，这样就能引起领导的注意，从而得到更多成功的机会。

三百六十行，行行都需要口才。在社会生活中，是否有好口才，是否善于说话，能够决定一个人的成就与境遇。现代社会里，那些羞怯拘谨、笨嘴拙舌、老实巴交的人，总会处在交际困难的尴尬里；而那些能说会道，言语动人的人不论是做什么事，总是会很顺利，并很容易取得成功。

在日益激烈的就业竞争中，很多求职者都发现自己面临着这样的现实：工作经验，专业技能，不再是企业选拔人才的唯一标准。用人单位在选拔人才时，越来越重视求职者的综合素质，特别是良好的口才，即沟通表达能力。

"现在求职竞争太激烈，那些口才好，擅长表达的人，求职的成功率就高得多。"最近小王遇到了让她特别头疼的事。小王是从事文职工作的，这项工作她已经做了两三年了，而且她心思细腻、做事仔细。但是公司最近精减人员，因为自己的口头表达能力不好而被裁掉了。重新找工作的小王，发现那些公司宁愿要那些毫无工作经验，但是特别能说会道的毕业生，都不愿选择有一定的从业经验的自己。这让小王在求职竞争中无比受挫。

一般来说，从事文职类工作，其实对口才的要求相对不是那么高。但是小王却因此屡遭碰壁，那其他对口才要求比较高的工作，岂不是更需要口才好的求职者？

在我们今天的市场经济大潮中，现行的双向选择的就业时机要求我们：充分地发挥你的口才，就有可能得到一份好工作；否则，就会白白地失去良机，从而可能影响你一生的成就。总之，一个人要想成功，他可以没有资本，但是不可以没有口才，良好的口才是一种竞争力。

会说话不是天生的

在生活中,我们总能看到一些人非常会说话。其实,说话的天才,并不是天生的,而是在生活中锻炼出来的。

没有哪种活动是不必开口说话的,商业、社交、政治甚至社区工作无不需要说话。练习的机会越多,改进的机会也就越多,到处都是练习谈话的题材和对象。只有不停地练习,你才能知道自己可以进步到何种程度。

许多擅长说话的人,最初大都是笨嘴拙舌的人。

著名的演说家和心理学家爱德华·威格恩先生曾经非常害怕当众说话或演讲。他读中学时,一想到要起立做5分钟的演讲,就惊悸万分。每当演讲的日子来临时,他就会生病,只要一想到那可怕的事情,血就直冲脑门,脸颊发烧。读大学时情况依然没有得到改变,有一回,他小心地背诵一篇演讲词的开头,而当面对听众时,脑袋里却"轰"的一下,不知身在何处了。他勉强挤出开场白:"亚当斯与杰克逊已经过世……"就再也说不出一句话,然后便鞠躬……在如雷的掌声中沉重地走回座位。校长站起来说:"爱德华,我们听到这则悲伤的消息真是震惊,不过现在我们会尽量节哀的。"接着,全场哄堂大笑。当时,他真想以死解脱。后来,他诚恳地说:"活在这个世界上,我最不敢期望做到的，便是当个大众演说家。"

同样如此，像林肯、田中角荣等世界著名演说家的第一次演讲都是以失败而告终的。那么，他们为何会在如此薄弱的基础上获得了令人惊奇和引人注目的成功呢？也许每个人都会产生这样的疑问，每个人也都有过这样的梦想，希望自己有朝一日能像他们一样口若悬河，娓娓而谈，令人折服。其实，答案很简单，只要勇敢地面对现实，大胆地面对挑战，刻苦勤奋，坚持不懈地努力练习，完全可以拥有出色的口才，实现自己的梦想。

狄里斯在西欧被称为"历史性的雄辩家"。但他的雄辩并不是天生的才能，也是后天练就出来的。

据说，他天生嗓音低沉，且呼吸短促，口齿不清，旁人经常听不清他在说些什么。当时，在狄里斯的祖国雅典，政治纠纷严重，因此，能言善辩的人格外引人注目，备受重视。尽管狄里斯知识渊博，思想深邃，十分擅长分析事理，能预见时代潮流和历史发展趋势。但是当他作了一番周密细致的思考，准备好了精彩的演讲内容，第一次走上演讲台时，就不幸遭到了惨痛的失败，原因就在于他嗓音低沉、肺活量不足、口齿不清，以至于听众无法听清楚他所言何事、何物。但是，狄里斯并不灰心，他反而比过去更努力地训练自己的说话能力。他每天跑到海边，对着浪花拍击的岩石放声呐喊；回到家中，又对着镜子观察自己说话的口形，做发声练习，坚持不懈。狄里斯如此努力了好几年，功夫不负有心人，当他再度上台演说时，他博得了众人的喝彩与热烈的掌声，并一举成名。

我们要珍惜每一次练习说话的机会，当我们参加某一个团体、组织，或出席聚会时，不要只袖手旁观，而要施展浑身解数，勤奋地进行说话练习。比如，主动协助他人处理一些工作，尤其是一些需要到处求人的工作。设法做各类活动的主持人，这样，你就有机会接触那些说话好的人，可以向他们学习说话的技巧，自然而然，你也就可以担负一些发表言论的任务。

在日常生活中，也可以寻找到讲话的机会。山姆·李文生在纽约任中学教员时，就喜欢与亲人、同事和学生就工作和生活中的一些事情发表意见，做简短的谈话。没想到这些谈话引起了听众的热烈反响。不久，他受邀为许多团体演说，后来，成了许多广播节目里的特约嘉宾。之后，山姆先生便改行到娱乐界发展，且成就非凡。现在他不但是广播、电视明星，而且还是在美国各地很有影响力的演讲者。

即使读遍所有关于说话的书籍，如果不寻找机会开口练习，依然不会有出色的表现。实践是必需的，当你勇敢地踏出第一步，后面的步骤要比你想象的轻松得多，不实践，你就会把困难想象得无限大。因此，如果你想要成为一个能言善辩的高手，不要错过生活给你提供的任何一次练习的机会。

第二章
话说到点子上才有力度

打蛇要打七寸，牵牛要牵牛鼻子，如果不打七寸，不牵鼻子，很可能徒劳一场。

一个人说话也是同理，想要在社会上混得顺风顺水，每一句话都有讲究，都要说到点子上。这就是说，说话不但要因人而异，而且要有艺术，说到点子上才有力度。就像我们做工作，只有抓住重点，抓住要害，落实到点子上，方能见成果、出效益。不然，就是说一千、道一万也是枉然。

怎么把话说到点子上

在生活中,我们经常看到一些人喋喋不休、滔滔不绝地高谈阔论,而又词不达意,语无伦次,让人听而生厌;还有些人喜欢夸大其词,侃侃而谈,说话不给他人留余地,也没有分寸。这样的人,看上去好像口才不错,其实恰恰相反,很容易造成画蛇添足的恶果。

有人说,话不在多,点到就行,意思就是不管你怎样说,说多说少,一定要把话说在点子上,说到别人的心窝里。因此,我们在开口之前,应先让舌头在嘴里转十个圈,把多余的废话转掉,准备一些简单明了的话,一开口就往点子上说,千万不要东拉西扯,不知所云。

近代文学家朱自清先生曾写过一本叫《怎样说话与演讲》的书,书的代序中有一段话说得很有意思,令人记忆深刻,现摘录于下:

……有人这个时候说,那个时候不说;有人这个地方说,那个地方不说;有人与这些人说,不与那些人说;有人多说,有人少说;有人爱说,有人不爱说,哑子虽然不说,却也有那咿咿呀呀的声音,指指点点的手势。

说话本身并不是一件容易事，要把话说到点子上就更不容易。天天说话，不见得就会说话；许多人说了一辈子话，没有说好过几句话。

所以说，真正的说话技巧，就是能把话直接说到点子上，说到别人的心窝里去。

有一位幼师对此深有体会，她在一篇博文中写道：

幼儿园午睡的卧室里，经常会出现这样的情景：一个孩子半坐起，伸长脖子东张西望。这时，如果对他说："东东，你伸长脖子看什么啊！"那么，不仅这孩子不会躺下，而且其他孩子的头也会纷纷抬起，因为大家都想看看东东到底看到了什么好东西。这时，如果这样说："哦，大家头都枕着枕头，睡着了吗？"东东就会埋头躺下了。

由此可见，无论面对什么年龄阶段的群体，如果能把话说到点子上，都会有事半功倍的效果。

那么，是不是只要说好话就容易把话说到点子上呢？不见得！过于轻率或频度过高的类似"你真棒"之类的好话，有时也会让孩子神情黯然。孩子如此，大人也同理，一味地奉承与吹捧，不一定就能把话说到点子上。

要把话说到点子上，最重要的一点就是说话简洁，简洁才有力，才容易说到重点。为什么有人叽叽歪歪、啰里啰唆、婆婆妈妈地说了一大堆，别人还是听不懂？为什么有的人引经据典、旁征博引、天上地下地说了一大套，别人还是不明白？说话不简单，听着就会复杂，你越是想说清楚，就越是把听者给绕糊涂了。

而最会说话的人永远是言简意赅的人，他们所说的都是最有效的话。他们通过简单明确的语言，能把最复杂、最困难、最麻烦的话说清楚，讲透彻，而且也最容易被不同的人理解、接受和执行。

那么，我们怎样才能把话说到点子上呢？

1. 有话直说

说话不是写文章，没必要"为赋新词强说愁"。即便是把说话当成写文章，也没有必要弯弯绕。说话不必别别扭扭，有话直说，原原本本，清清楚楚。有话直说的人，根本没有时间瞎琢磨——只有那些无病呻吟的人，才哼哼唧唧哀怜。

要想说话动人、动听，就先要回到说话的根本——沟通，这时，你会发现，说话只有简单直接最有效。

丈夫说："老婆，最近咱家开支又超了，咱俩讨论怎么节省开支好不好？"这种说法，相信大多数"媳妇"会接受，平心静气地和丈夫商量怎么"节流"。

媳妇说："老公，最近家里钱不太够花。你能不能想想办法挣点'外捞'啊？"老婆这么说，丈夫也多数会接受。

可见，简单交流，往往容易说到点子上，因为说的是实际情况，很少掺杂个人主观色彩。这正是简单说话最有效的原因之一：直接告诉对方有什么事，我们的意见是什么。

2. 长话短说

古语说:"有话即长,无话即短",但是有着"八股癖"的人,却非要"短话长说",他们觉得"长说"很过瘾,认为这样说话在镇住对方的同时,也显示了自己渊博的知识。其实这是极其错误的。

比如,说"城市住房紧张"的问题。他们先从原始人穴居野处,有巢氏构木为巢讲起,直到奴隶社会、封建社会、资本主义社会的住宅问题,一路讲下来,最后讲到我国过渡时期的总路线、总任务和人民生活改善的状况,等等。在听众昏然欲睡之时,才开始引入正题。

这还只是开场白,接下来的正文,本可两句话说完的,就得说成三句四句,扯上十条八条不算多,并附之以故事、逸事、理论等,最后还有几点建议之类。有时"最后"之后还有"最后"。要说它的"好处",只是在于能够磨炼听者的毅力吧。

但是,从说话的目的来说,无论我们说话的内容有多少,都要尽量地"长话短说"。长话短说可以锻炼人的快速思维能力,提高行动的敏捷性。况且,现代社会人人都很忙,谁也没时间听别人长篇大论。倘若按照"寸金寸光阴"来算,喜欢短话长说的人,浪费掉的自己的时间和别人的时间,该值多少钱呢?要想把话说到人家的心窝里去,说到点子上,就得长话短说。

3. 急话慢说

我们可以把话说简单,说精彩,说到点子上。但是如果我们说话的时候心里着急,那么本来简单易懂的话可能就会被我们说得乱七八糟了。

人为什么会心急呢？原因有很多，但主要原因还是觉得自己驾驭不了所面对的局势。其实，事情一旦做起来，是否驾驭得了就不那么重要了，踏踏实实地干好就得了。

说话也是如此，谁也不可能不说话，而且肯定有自己不敢说而又不得不说的时候。在这种时候，大可以放平心态，有话直说，长话短说，别顾虑太多，简简单单地把话说出来。相反，如果你支支吾吾、颠三倒四地说了半天，会让对方一头雾水，半天听不出个所以然来。

急话慢说，不仅是对自己，对别人也要如此。有些事情从一开始就让人着急，而人一着急，除了说话语无伦次，表情也会变得僵硬，甚至狰狞恐怖。话还没说，自己的表情先把对方给吓住了，于是对方也跟着着急，结果会怎样？恐怕不难想象。所以，为了避免自找麻烦，慢慢地把话说简单、化解矛盾是时时刻刻都要遵循的原则。

总之，随时随地都能把话说到点子上，对一个人的一生很重要。俗话说："祸从口出，覆水难收。"有的人出言不逊，信口雌黄，不经意间伤害他人还不明就里；有的人却能谈吐得体，深得人心，轻易就受人拥戴。原因何在？恰恰是因为会说话的人能把话说到点子上，能说得恰到好处。

说话的方式因人而异

社会上有各种各样的人，与不同的人交谈，就要采取不同的谈话方式。也就是说，说话的方式要因人而异，倾听对象不同，方式就不一样。

读过历史的人都知道，李密的《陈情表》写得催人泪下，当然，不少人觉得李密这人不厚道，如果真的是这么有孝心的人，干吗用那么多的语言说自己多么凄惨，祖母多么悲凉？其实，这篇文章之所以要这么写，是有原因的，那是因为看这篇表的人是司马炎。司马炎是篡位之君，本来就名不正言不顺，他几次要求李密做官而被拒绝，所以心生疑惑。再加上司马炎疑心十分重，如果李密这次上表不够煽情，是会招来杀身之祸的，所以文章写得过于深情就可以理解了。换言之，如果李密是给诸葛亮或者刘备上表，这样写就不行了。可见说话不看人，必然词不达意。

比如，在当今社会，有的人喜欢婉转，我们就应该说流利的话；有的人喜欢率直，我们就应该说激切的话；有的人崇尚学问，我们就要说高深的话；有的人喜欢谈琐事，我们就要说贴切的话。只要说话方式能与对方个性相符，自然就能一拍即合。这样说话也更能受人欢迎，在社会里才能混得如鱼得水。

生活和工作中，与我们打交道的不光有熟人，也常常要结交一些陌生人,与他们说话时我们要注意哪些方面呢?

1. 与老年人谈话,要懂得谦虚

我们常听到长辈教育后辈时说:"我走过的桥比你走过的路还多。"这是很有道理的,毕竟他的经验比你丰富得多。其实,与老年人谈话,是很容易的,因为他们很喜欢谈话。他们说话常滔滔不绝,你要是打断他,就会显得自己粗鲁无礼。因此,有时与他们谈话很费时间,可是,只要你用心听,会发现他们的话是极有裨益的。

2. 与年幼者谈话,要保持深沉的态度

比你年幼的人,有些思想太超前,有些知识不及你。在前一种情形下,你和他们谈话是毫不困难的。你只需保持深沉谨慎的态度就行,不要降低你自己的身份。还要注意,不要给他们机会直呼你的大名,那是很不好的。不要同他们辩论,也不要坚持你的立场。你只要让他们知道,你是希望他们对你有适当的尊敬的。你要知道,人们总是因你尊重自己才尊重你,尤其是那些年幼于你的人。

3. 与地位高于你的人谈话,要明确身份,并保持你的个性

在与上司或地位优越的人谈话时,须维持你的独立思考能力,不应该做一个"应声虫"。若你只说"是",那么,你的话就可能会使别人不悦。特别是与上司谈话时,要有自己的想法,同时敢于表达内心真实的想法。

古代有个叫许允的人在吏部做官,他做官期间提拔了很多同乡。魏明帝觉察之后,便派人去抓他。他的妻子为

了把这件事揽过来,告诉他说:"明主可以理夺,难以情求。"让他向皇帝申明道理,而不要寄希望于哀求。因为,依皇帝的身份地位是不可能随便以情断事的,皇帝以国为大,以公为重,只有以理断事和以理说话,才能维护好国家利益和作为一国之主的身份。许允依夫人之意直言,果然被释放了,皇帝还赏了他一套新衣服。

这个案例足以说明,在上司面前说话一定要保持个性,并明确对方的身份地位。

4. 与地位低于你的人说话,要庄重

与地位低于自己的人谈话,应注意庄重、有礼、和蔼,避免一种统治者的态度;赞美他一切完美的工作;讲话不要太多;不要太显亲密;不要以你自己优越的地位来阻止他。

5. 与陌生人说话,要观察对方的性格,揣摩对方的心理

在与陌生人交流时,除了要考虑对方的身份以外,还要注意观察对方的性格。一般来说,一个人的性格特点往往通过自身的言谈举止、表情等流露出来,如:那些快言快语、举止简洁、眼神锋利、情绪易冲动的人,往往是性格急躁的人;那些直率热情、活泼好动、反应迅速、喜欢交往的人,往往是性格开朗的人;那些表情细腻,眼神稳定,说话慢条斯理,举止注意分寸的人,往往是性格稳重的人;那些安静、抑郁、不苟言笑、喜欢独处、不善交往的人,往往是性格孤僻的人;那些口出狂言、自吹自擂、好为人师的人,往往是骄傲自负的人;那些懂礼貌、讲信义,实

事求是、心平气和、尊重别人的人,往往是谦虚谨慎的人。对于这些不同性格的对话对象,一定要具体分析,区别对待。

另外,与陌生人谈话也要善于揣摩对方的心理。如果和你谈话的人无意中显示出某种态度及姿态,那么你就要通过这些了解他的心理,甚至能够捕捉到比语言更真实、更微妙的思想。例如,对方抱着胳膊,表示在思考问题;抱着手,表明一筹莫展;低头走路、步履沉重,说明他心灰气馁;昂首挺胸、高声交谈,是自信的表现;女性一言不发,揉搓手帕,说明她心中有话,却不知从何说起;真正自信而有实力的人,反而会探身谦虚地听取别人讲话;抖动双腿常常是内心不安、苦思对策的举动,若是轻微颤动,就可能是心情悠闲的表现。

6. 与女性谈话要以对方为中心

当你与女性谈话时,话题要以对方为中心,采取一种可使对方接受的谈话口气、态度和方式,那么你与她之间的对话,就能很顺利和愉悦地进行下去。女人们喜欢谈她自己、她的家庭以及她的癖好,更喜欢发表她的意见,又喜欢告诉人家,她是个多么好的人。所以她需要一个好的倾听者。所以和女人谈话时,你得先开个头,然后她就会接下去。比如询问天气;询问她的一个亲戚的健康;询问书籍、金鱼、花草或其他种种事物。总之,是她们所感兴趣的。这样,就能迎合她们的天性,而使她们觉得与你谈话十分快乐。

总之,因人而异的说话方式不仅表现了你的素质修养,更能让对方在与你的谈话中得到尊重与信任,还有助于你在工作当中结交更多的朋友,建立更好的人缘。

说服他人，一语中的

与人交谈，说话的内容是首要的。同样，针对不同的说服对象，说话的内容也应不同。擒贼先擒王，说服他人时，应一语中的、直击要害。因为不同的人渴求不同的"好处"，所以，在说服别人的时候，一定要反复从多侧面强调彼此所能提供的"好处"，唯有如此，才有可能达到良好的效果。

公明仪是春秋时期鲁国的一位著名琴家，琴艺高超。《弘明集·理惑论》载有关于他的一则故事：

> 阳光明媚的一天，公明仪在草地上弹琴。看见一头黄牛在吃草，就突发奇想：琴声能通宇宙万物之灵气，那么给动物弹琴，它们也能听懂吗？于是，就面对着黄牛，弹起一曲《清角操》来。虽然公明仪弹琴弹得津津有味，黄牛却没有任何反应，依然在低头吃草。公明仪没有放弃，继续尝试。他调整琴弦，弹奏出蚊虻的嗡嗡声，黄牛以为蚊虻来攻击叮咬，就甩起尾巴来驱赶；公明仪又弹出孤独小牛的哞哞声，黄牛就竖起耳朵，四下张望寻找小牛。公明仪看见黄牛听到琴声有了反应，十分高兴。

所谓"对牛弹琴",讽刺的就是"说话不看对象"之人。琴弹得再好,对牛弹也没有任何意义。说服他人也一样,不看情况就开始说教,没有任何作用,有时还会招来不必要的麻烦。

"人上一百,形形色色",我们说服他人一定要顾及对方——形形色色的人。要了解对方的身份、年龄、职业、爱好、文化修养等诸多方面的情况,只有这样,说服才能达到预期的目的。

有一次,孔子带着他的几名得意弟子出外讲学、游览,一路上非常的艰辛。这一天,孔子一行人来到一个村庄,他们在一片树荫下休息,正准备吃点干粮、喝点水,没想到,孔子的马挣脱了缰绳,跑到庄稼地里去吃了人家的麦苗。一个农夫上前把马嚼子抓住了,将马扣了下来。

子贡是孔子最得意的学生之一,平常能说会道。他凭着不凡的口才,自告奋勇地上前去企图说服那个农夫,争取和解。然而,他说话文绉绉,满口之乎者也,天上地下,将大道理讲了一通又一通,虽然费尽口舌,可农夫就是听不进去。

有一位跟随孔子不久的新学生,论学识、才干远都不如子贡。当他看到子贡与农夫僵持不下的情景时,便对孔子说:"老师,请让我去试试看。"

于是他走到那个农夫身旁,笑着对农夫说:"你并不是在遥远的东海种田,我们也不是在遥远的西海耕地,我们相互之间靠得很近,相隔不远,我的马怎么可能不吃你的庄稼呢？再说了，指不定哪天我的庄稼也会被你的牛吃掉，你说是不是？我们该彼此谅解才是。"

听完这一番话，农夫觉得很在理，就不再责怪他们了，于是将马还给了孔子。旁边几个农夫也互相议论说："像这样说话才算有口才，哪像刚才那个人，说话不中听。"

这个故事告诉我们，要想说服对方，就一定要看对象、看场合，要不然，你再能言善辩，别人也不会买你的账。

三国时期的诸葛亮就是一个口才高手，他说服对方时，常常能够击中要害，从而取得预期效果。在赤壁之战前夕，为了说服孙权与刘备联合抗曹，他居然在大庭广众之下羞辱孙权，说东吴与曹比之差远了。孙权不听他的羞辱，其实孙权有点怕曹操，有降曹之意，他就试探着问诸葛亮：刘备为何不降？而诸葛亮答道："刘豫州盖世英才，怎能屈于他人？"孙权则听出了话外音，然后就说："我孙权降了，岂不成了亡国奴？好你个孔明，敢骂我！"

孔明心里清楚，说服了孙权还要说服周公瑾，然后他假装不知小乔是周瑜之妻，用言激之，说：只需把大小乔送给曹操就可免战，边说边吟诵了《铜雀台赋》。这周公瑾肚量本来就小，听着《铜雀台赋》，无名之火油然而生，毕竟铮铮男儿是咽不下"夺妻恨，杀父仇"的。最后，周瑜也决定出兵。

由此可见，在说服对方的时候，技巧需要发挥得淋漓尽致，分寸也要把握准，但更重要的是，要知道如何击中对方要害。

每个人的年龄、性别、个性、爱好、性格、文化程度、家庭环境等都存在差异，所以，这就要求我们，说服对方时要善抓重点，有的放矢，从而快速地击中对方的要害。

话不在多，而在恰当

西方有一句很有名的谚语："上天之所以给人一张嘴巴，两只耳朵，就是要人多听少说。"这句谚语对我们中国人来说，同样很适用，对那些信口开河的人来说，更是一个警醒。如果要用我们自己的话来概括这句西方谚语的话，那就是：话不在多，而在恰当。

人们都说，会说话不容易，为什么不容易呢？因为在这个世界上，有正人君子，也有奸猾小人，我们时常要提防奸猾小人的算计；在人生的征途上，既有坦途，也有暗礁，我们也得学会避开暗礁。在这样复杂的社会环境下，如果不注意说话的分寸，就容易招惹是非，授人以柄，甚至祸从口出。

古时候，有个小国使者到大国，进贡了三个一模一样的金人，金光灿灿。不过这个小国的使者出了一道题目，让大国的人做：这三个金人哪个最有价值？皇帝想了许多的办法，请来珠宝匠检查，称重量、看做工，都是一模一样的。怎么办？使者还等着回去汇报呢，泱泱大国，不会连这个小问题都回答不出吧？

最后，有一位退职的老臣说他有办法。皇帝将使者请到大殿，老臣胸有成竹地拿三根稻草，插入第一个金人的耳朵里，这稻草从另一边耳朵出来了，第二个金人的稻草从嘴巴里掉出来，而第三个金人，稻草进去后掉进了肚子里。老臣说："第三个金人最有价值！"

使者听到老臣的话，默然无语，只得承认答案正确。

人长两只耳朵一个嘴巴的用意，无非是多听少说。少说才能沉稳，少说才不至于惹祸上身。再说，古人还说过这样一句话："逢人只说三分话"，还有七分话不必对人说出。表面看这句话似乎让人觉得不太光明磊落，其实并非如此，它是教你尽量少说话，说恰当的话，免得祸从口出，招惹是非。

你不妨观察一下自己周围的人群，那些会说话的人，交际广的人，往往会逢人只说三分话。他们这样做并不是不诚实，而是他们都懂得，与人相处，必须先认清对方是什么样的人，如果对方并不是可以无话不说的人，那么你只说三分话，就已经够多了。

1956年，苏联和美国的最高领导人举行了一次谈判。在谈判桌上，赫鲁晓夫总是自认为比艾森豪威尔聪明，结果闹出了不少笑话。

为什么赫鲁晓夫会认为艾森豪威尔不够聪明呢？因为，在谈判的时候，无论赫鲁晓夫提出什么问题，艾森豪威尔都表现得稀里糊涂，总是先看看他的国务卿杜勒斯，等杜勒斯递过条子后，他才开始慢条斯理地回答。所以赫鲁晓夫就认为艾森豪威尔智力很低，而认为自己作为苏联领袖，当然知道任何问题的答案，不用求助他人。

在谈判快要结束时,赫鲁晓夫又忍不住当场讥讽艾森豪威尔:"美国谁是最高领袖?是艾森豪威尔还是杜勒斯?"

不明就里的人可能都会认为,赫鲁晓夫聪明、博学,谈话滔滔不绝;而艾森豪威尔却显得犹豫、迟钝,缺乏一种领袖气概。但事实却正好相反,有眼光的人都能看得出来:艾森豪威尔在谈判中谨言慎行,能够及时赢得助手的帮助,从而避免出错。而赫鲁晓夫刚愎自用,才闹出了诸如用鞋子敲桌子等笑话。

在我们中国历史上,同样有许多像赫鲁晓夫一样不懂得谨言慎行的人,他们说话张口就来,从不考虑恰不恰当,因此这些人在为人处世方面受到了很大的损失,甚至有人还蒙受了灾祸。究其原因,归根到底还是说话太多、说话不当。

隋朝有一名大将叫贺若弼,他的父亲贺若敦是南北朝时期晋的大将,由于说话太多,得罪了晋公宇文护而丢掉了性命。他父亲临死时,用锥子刺破了贺若弼的舌头,意思是告诫自己的儿子贺若弼:要牢牢记住这血的教训。

然而,贺若弼并没有遵循父训,在他后来做了隋朝的大将军后,就忘记了父亲的教训,常常为自己的官位比他人低而怨声不断,自认为当个宰相也是应该的。一段时间后,他发现许多方面都不如自己的杨素竟然做了尚书右仆射,而他仍然只是将军。正是这种未被提拔的怨气，使他产生了不满的情绪，那些怨言也就常常不论场合地随口而出。

有一天，这种怨言怨语不幸传到了皇帝耳朵里，贺若弼便被逮捕入狱。隋文帝杨坚是这样责备他的："你这个人有三太猛：嫉妒心太猛；自以为是，自以为别人不是的心太猛；随口胡说，目无长官的心太猛。"他虽然凭借自己的功劳，在不久后被释放了，但他的处境可想而知。

父子两代人，都是因言多而招祸，父亲丢了性命，儿子也被贬为庶民。由此看来，我们在说话时一定要避免说出那些不该讲的话，以免招致不必要的祸端。虽然在新社会里，我们不可能像贺家父子一样性命难保，但一些不该说的话若说出来，同样会让你的工作遭受挫折和失败，让你的人生难以顺利。

美国的艺术家安迪渥荷曾经对他的朋友说："我学会闭上嘴巴后，获得了更多的威望和影响力。"名人如此，普通人也如此，那些大智若愚的人，那些有学问的人，通常都不会胡乱讲话的，只有那些胸无点墨且爱慕虚荣的人才喜欢信口开河。曾经有人这样说过："宁可把嘴巴闭起来，使人怀疑你浅薄，也不要一开口就让人证实你的浅薄。"这句话值得我们每一个人牢记在心。

当然，话不在多，并不是不能说话，或不说话。少说话虽然是一种美德，但在人们的生活中，只能"少说"而不能完全不说。既要说话，又要说得精短巧妙，恰如其分，这便是说话的艺术，更是门"技术活儿"。

总之，会说话是一种本事。所谓一字千金，一言九鼎，话说得好不好，不在乎多，关键是要说得恰当，说得有价值。该说话的时候，我们也不能缄口不言。比如：

为受窘的人说一句解围的话。有些人处在尴尬得不知如何下台的窘境时，及时帮他说一句解围的话，就像雪中送炭，使人温暖。

为沮丧的人说一句鼓励的话。遇到因受挫而心情沮丧的人，对他说一些鼓励话，会让他重拾信心。

为疑惑的人说一句点醒他的话。荀子说："赠人以言，重于金石珠玉。"遇到徘徊在人生路口的人、对生命有疑惑的人，及时地用一句话点醒，可以改变他的一生。

为无助的人说一句支持的话。无助的人信心不足，经常生活在别人的言语中，一句话可以决定他的心情好坏。面对无助的人应该多讲支持的话。

找一个新奇的话题

感兴趣,用俗话说就是有意思,一个人讲话如果让人觉得有意思,至少说明他的话没有白说,不是废话。我们先看这样一个例子:

四年辛苦不寻常,课桌前,砚湖旁……一次次忧心上考场,几回回兴奋下课堂。偶有短路走迷途,撞了南墙,受了轻伤,苦涩独自尝。更有执着求真知,咽了怨气,灭了彷徨,"双证"装行囊……

这不是一般的打油诗,而是成都理工大学文法学院院长陈俊明2009年毕业演讲的开篇,他的开场白话音刚落,一时掌声雷动……

为什么陈院长的演讲能获得如此好的效果,因为他摒弃了枯燥乏味的陈词滥调,而选择了让人感兴趣的话题。

要做到说话让人感兴趣,主要在话题的"新、奇、特"三方面下功夫。

1. 话题要新,要言人所未言,要创新,当然也要善于旧话题

"翻新"。

创新是现在出现频率非常高的一个词语,说话也要创新。如果有了新话题,你就站在了一个与众不同的领地,你讲的是他人所没有的,你就紧紧抓住了听众的心理,这就使你的话拥有了听者和听者的关注,确立了你被注意的中心位置,必然会受欢迎。但是,在今天,大多数的话都是被别人说过的,要想说出一些新奇有趣的语言,难度似乎很大,这就要求我们在说话的时候要善于寻求新的角度。同样的话题,你如果有了新的角度,你就有了出其不意的优势,使听者有意料之外情理之中的感觉,更使得你的话有别于他人而让人感兴趣。

2. 奇就是新奇、奇特,出人所料。

曾经有一位画家做过一次精彩的"演讲",他的"演讲"奇就奇在不是用语言,而是用手指:

> 指画大师龚乃昌先生以"指"蘸墨,巧妙运用手掌及手指为笔,以历史及当代名人入画,莫不惟妙惟肖。诸如香消玉殒的虞姬、行至末路的英雄项羽、愁肠百结的屈原,甚或端丽雍容的戴安娜王妃,都栩栩如生地出现在他的画作之中。其独特的"指画"墨韵和魅力,在其作品中淋漓尽致地体现中国国画传统知黑守白之意韵,其指在宣纸上或轻或重,或按或顿,时而长线直舒,时而短线提按,无论是人物或动物在龚乃昌大师的指中无不体现得惟妙惟肖而令人惊叹。

在安徽IT圈，合肥三艾是个很有影响力的公司，其从代理精英单一品牌发展到如今拥有多种拳头产品的安徽总代理，其老总彭颖可以说是功不可没。说起彭颖，熟悉他的都一致认为其为人豪爽，做事痛快。而在那次IT英雄会中，彭总更是充分展示其充满个性的豪爽。在此次英雄会中，本来安排了彭总的现场演讲。不过让人非常"意外"的是，彭总上台后的第一句话是"演讲就不必了，直接抽奖吧"。引起了现场的一阵大笑，不过笑归笑，来宾们都纷纷折服于彭总的豪爽个性。从彭总的POSE可以看出，彭总是一个很重视产品宣传的人，虽然他没有进行演讲，但是可以看出宣传效果比演讲还要好。

3. 特就是特别、有个性，这是说好话的一个最重要方面。

所谓个性就是个别性、个人性，就是一个人在思想、性格、品质、意志、情感、态度等方面不同于其他人的特质，这个特质表现于外就是他的言语方式、行为方式和情感方式等，任何人都是有个性的，也只能是一种个性化的存在，个性化是人的存在方式。白岩松就是中国一位颇有个性的主持人，他的话更具个性，2009年3月30日，他随央视摄制组赴美国拍摄专题片《岩松看美国》，在耶鲁大学发表了题为《我的故事以及背后的中国梦》的著名演讲，以自己出生的年份1968年作为开始，讲述了1968年、1978年、1988年、1998年、2008年五个年份的故事，讲述了自己如何从一个边远小城的孩子，成长为见证无数重要时刻的新闻人，并以个人命运为线索折射了四十年中美关系发生的深刻变化。白岩松的演讲语言很特别、很幽默，现摘录其中一段，让我们一起来品尝其"特别之味"：

……我要讲五个年份,第一要讲的年份是1968年。那一年我出生了。(众笑)但是那一年世界非常乱,在法国有巨大的街头的骚乱……在美国也有,然后美国的总统肯尼迪遇刺了……但是的确这一切的原因都与我无关。(哄堂大笑)但是那一年我们更应该记住的是马丁·路德·金先生遇刺,虽然那一年他倒下了,但是"我有一个梦想"的这句话却真正地站了起来,不仅在美国站了起来,也在全世界站了起来。但是当时很遗憾,不仅仅是我,几乎很多的中国人并不知道这个梦想,因为当时中国人,每一个个人很难说拥有自己的梦想。因为梦想变成了一个国家的梦想甚至是领袖的一个梦想。中国与美国的距离非常遥远,不亚于月亮与地球之间的距离。但是我并不关心这一切,我只关心我是否可以吃饱。因为我刚出生两个月就跟随父母被关进了一种特有的牛棚。因此我的爷爷为了给我送牛奶吃,要跟看守进行非常激烈的搏斗。(众笑)

很显然,我出生得非常不是时候,不仅对于当时的中国来说,对于世界来说,似乎都有些问题。(众笑)1978年,十年之后。我十岁,我依然生活在我出生的地方,那个只有二十万人的城市里,你要知道,在中国它是一个非常非常小的城市。它离北京的距离有两千公里,它要想了解北京出的报纸的话,要在三天之后才能看见,所以对于我们来说,不存在新闻这个说法。(众笑)那一年我的爷爷去世了,而在爷爷去世的两年前我的父亲去世了，所以只剩下我母亲一个人抚养我们哥儿俩，她一个月的工资不到十美元。因此即使十岁了，梦想这个词对我来说，依然是一个非常陌生的词汇，我从来不会去想它。我母亲一直到现在也没有建立新的婚姻，是她一个人把我们哥俩抚养大。我看不到这个家庭的希望，只是会感觉，那个时候的每一个冬天都很寒冷，因为我所生活的那个城市离苏联更近。（众笑）

……

白岩松就是用这种独特有趣的语言，讲述了自己在生命的每一阶段都做着不同的梦，并为此去努力，直到实现梦想。这就是他独特的语言，独特的语言自然让人兴趣很高。

不要戳别人的痛处

在这个社会上,暴露自己的隐私,撕破自己的伤疤,都不是令人愉快的事情,所以我们在开口说话时,切忌哪壶不开提哪壶,即使要提也一定要注意场合和时机。不去提及他人的痛处,尤其是身体上的缺陷,千万别用侮辱性的语言攻击,只有这样才算得上一个聪明人。

比如,家长教育孩子,在语言上更要注意这一点。有时家长批评孩子,本身并没有错,但错在时机和场合不对。别看孩子很小,其实他们也是有自尊心的,有些家长经常当着亲戚朋友的面损自己的孩子,说孩子的学习成绩不好,特别是当着同学和老师的面指出孩子的许多问题,殊不知,这样就给孩子造成了很大的心理压力。所以教育孩子要特别注意时机和场合,比如,在单独的场合,或在孩子比较高兴的时候,再平心静气地给他指出一些问题。"响鼓不用重槌敲",你一说他就会明白。

生活在这个社会上,我们每一个人的这一生中都或多或少会有一些"伤疤",古话说"己所不欲,勿施于人",就是告诉我们不要随意去揭人家的伤疤。尤其是当你在情绪不佳、暴怒的时候,一定要学会克制和忍耐。特别是作为老板或管理者,因为他们有人事材料掌握在手里,对下属们的"历史问题"非常的清楚,所以在生气的时候，难免会有口不择言的情况，但绝对不能说一些诸如"你不要认为你从前的事情没有一个人知晓"或者类似的言语。这样的话一说出口，常常会造成不可挽回的结局。

同样，对于一些他人不愿让别人知道的事情，不要一味地去问，即使你已经知道了，也要装作不知道的样子。切忌当着众人的面，讲关于他人的一些缺点或毛病之类的话。假如一个人喜欢揭开别人的伤疤，那么这个人是非常可悲的，更是可恨的。可悲的是，他的一生中不会有真正的好朋友；可恨的是，揭人伤疤让人勾起一段不快乐的回忆，会使人感到伤心事情都已经过去了，如今还抓住不放，太过分了。在这种人的手下工作，恐怕一生都不会有出头之日。

如果一位上司揭下属的伤疤，除了令被揭伤疤的人寒心之外，在旁边的人肯定也不会感到舒服。毕竟，伤疤是每一个人都有的，只是大小不同而已。一旦见到同事鲜血淋漓的伤疤，只要不是幸灾乐祸的人，谁都会有一种"兔死狐悲，物伤其类"的感觉。

因此，我们平时要杜绝揭人伤疤的行为，除了要知晓利害、学会自我控制之外，还要养成及时处理问题的好习惯。不要将事情放在一边，置之不理，每一个问题都要及时地去解决，已经有了结论以后，以前的事就不要再提出来了。

切忌哪壶不开提哪壶，我们要以积极因素克服消极因素，以宽容之心对待他人。人总是有长处和短处的，我们要善于发现他人的优势，给他们以充分的肯定，让他们充满必胜的信心，这样才可以激起大家的兴趣，形成一种良性互动。如果眼睛只盯着他人的短处，哪壶不开提哪壶，经常批评或责怪他人，而对他人的优势又忽略不计，那么就容易触伤他人的自尊心，使他人感到生活和工作给他们带来的是苦痛而不是乐趣，久而久之，容易使人们产生仇怨心理，不利于正常的社会交际。

近年，网络乃至一些报刊上，频频出现"毒舌"一词。它讲的是年轻人反感于别人对他们的某些询问，诸如"谈朋友了没有，什么时候结婚？""月薪多少，买房了没有？""吃的什么，长得这么胖？"等等。春节期间，伴着走亲访友活动的增多，这样的询问更是此起彼伏，连绵不断。由于这些问题是被问者不愿触及或极力想回避的，因而被称为"毒舌"。

前不久，网上出现一张《亲戚聚会发言大纲列表》，列举了过年时亲朋提出的各种"毒舌"问题。把这种关心的问询看成"毒舌"并非妥当，但从这种现象里我们不难悟出，说话一定要多加注意，哪怕你是出自善意，如果提到了别人不愿"提"的那"壶"，也会被人误解而不受欢迎的。

在中国素有所谓"逆鳞"之说，即使再驯良的龙，也不可掉以轻心。龙的喉部之下约30厘米的部分上有"逆鳞"，全身只有这个部位的鳞是反向生长的，如果不小心触到这一"逆鳞"，必会被激怒的龙所杀。其他的部位任你如何抚摸或敲打都没关系，只有这一片逆鳞无论如何也接近不得，即使轻轻抚摸一下也犯了大忌。

由此可见，无论人格多高尚多伟大的人，身上都有"逆鳞"存在。只要我们不触及对方的"逆鳞"就不会惹祸上身。所谓的"逆鳞"就是我们所说的痛处，也就是我们不该去"提"的那"壶"。而这一"壶"，往往是被别人视为最大的隐私或伤疤，一旦你揭人疮疤，就是犯了人与人相处的大忌，会让你后悔莫及。

言简意赅，不说废话

要想把话说到点子上，坚持不说或少说废话是很重要的。

春秋时的子禽，问他的老师墨子："先生，多说话到底有没有好处？"墨子回答说："话要是说得太多，好比池塘里的青蛙，整天整夜地叫，弄得嘴干舌燥，却从来没有人去注意它，这有什么益处？但是，公鸡只是在天亮时叫几声，人们就知道天亮了，都很留意它。所以说话不在多，而是要说有用的话，不说废话。"

什么是废话？古人曾讲：君子一言，驷马难追。这句话是说说出来的话不容易收回，所以说话要谨慎；古人还讲：言必出，行必果，是说说出来的话要兑现，不能空口说白话。从古人这两句话里足可以看出说话需要多么谨慎，同时还可看出，既然说了就要付诸行动，来证明你说的话是可信的，如果你没有行动，那就是废话。简而概之，"废话"就是把不能说、不必说的话，说出来了。

那么，哪些话是不能说的呢？

其实很多时候，人总是管不住自己的嘴。无论是心直口快也罢，或是童言无忌也好，只要说了不能说、不该说的话，就可能打破祥和宁静的氛围，导致损人不利己的结果，因此你应为自己说的话负责。

"不能说"不是"不会说"，"不能说"是能说但不要说的状态。无论你是管理者还是执行者，无论你是学者还是学生，无论你是国家干部还是普通民众，说该说的，说在你职权或能力范围内的话。我国法律有对"诽谤"和"泄密"等语言犯罪的制裁，就是因为你说了不能说、不该说的话。

哪些又是不必说的呢？

有一句俗话这样说：看透不说透，才是好朋友。所以在很多时候，大家都心知肚明，心照不宣，不必"一语道破天机"。你如果忍不住想说，想使自己一鸣惊人，则是极其错误的，因为其结果可能是害人害己。因此，不必说的话就一定不要说，无论什么场合，无论你面对的是什么人，只能打碎牙往肚里咽。

知道不能说的话而不说，这似乎容易做到，但那些不必说的话要忍住不说，就有一定难度。因为，不必说是知道而不要说，必须管住自己的嘴巴，既是一种很高的学问，更是一门艺术。常言道：祸从口出，病从口入。古往今来，因为言之不慎，招来杀身之祸的案例比比皆是。这些教训很深刻，我们务必记住：人活在这个社会上，有很多事情，是无须说明白的，你知我知、天知地知就可以了，该知道的都知道了，不该知道的就不必问，更不必说。

所以说，不要说"废话"对我们每一个人都很重要。只要平时勤加思考和历练，言简意赅，条理清楚，不必赘言，更不要词不达意、长篇大论。平时多看看新闻，多听听那些国家领导人的发言，他们的话语大都言简意赅，而且每句话都是经过缜密的推敲，富含丰富的寓意和内涵，值得人深思和研究，值得我们学习和借鉴。

说好话才能会说话，说好话才能闯世界，怎样说好话？其实应从细节着手，细节就是先从"会说话，不说废话"开始。不说废话，你的话才能说到点子上，不说废话，你才能提高办事效率，不说废话，你才能提升你的绩效和竞争力。

怎样才能做到不说或少说废话？有人总结出下面几点，值得我们重视。

首先，在与人的交谈中，要明确谈话的内容和中心思想，抓住重点。

其次，不管什么事，别急着说，把你要说的话在脑海过滤一遍，看看自己的话是否符合谈话的主题，是否有必要说。

最后，在交谈中，如有一些可说可不说的话，则不要说。说该说的，将无关紧要的压下来，咽回去。养成不轻易开口的习惯，力争做到惜字如金。

只有这样，经常性地进行话语过滤训练，你说的话自然就会有分量，话语中的废话也就会逐渐减少直至没有了。

第三章
随机应变，用话语化险为夷

俗话说，人不错成神，马不错成龙。这句话是说，人在社会交往中难免说错话，有失误的现象发生。

失误不可怕，关键是要在失误后掌握好随机应变的技巧，设法挽回因失误而造成的难堪或者尴尬局面。在失误后，要从容自若，调整思维，用新的话题把原来的问题引开或转移，使尴尬的局面得到恢复。

到什么山，唱什么歌

俗话说得好："到什么山，唱什么歌。"谈话也是这样，场合对谈话具有限制作用，有些话在这个场合能说，在另一个场合却不能说。

西方谚语说得好：说话合乎场景，如同金苹果落在银网子里。说话，只有在恰当的场合说得体的话，才能产生"话"半功倍的效果，否则，不顾场合乱说话，口无遮拦，言语冒失，只会惹人厌烦，伤害他人，甚至惹起祸端。

简单说来，场合有庄重和随便之分，有正式和非正式之别，有喜庆和悲伤之异，这就要求我们针对不同的场合，说适宜的话。倘若不顾场合乱说话，就算不会惹祸上身，也难免招人厌烦。

《三国演义》中，有这样一则发人深省的故事：

> 官渡之战前，许攸投奔曹操，献了一系列妙计，为曹操击败袁绍，夺得河北之地立下了赫赫功劳。但是，在曹军占领冀州城后，一次聚会，许攸却当着曹操众多部下的面，直呼曹操小名，说道："阿瞒，不是我献计，你能得到这座城池吗？"曹操部将许褚大怒，拔刀杀了许攸，曹操事后也只是责备了许褚几句。

许攸因为一句话而死于非命，教训可谓深刻。许攸不懂得说话一定要看场合的道理，在庄重的场合，当着众人的面，说话大大咧咧，一点不顾忌曹操的面子，触怒了曹操部下，终于惹来杀身之祸。虽然曹操本人当时没有说什么，想必心中也早已动了杀念。

由此看来，许攸被杀，是因为在庄重的场合说了随便的话。

在央视某期节目的擂台赛中，有一位主持人给挑战者出了这样一道题："请问，秦腔的别称是什么？"就在选手凝神思考的空隙，主持人竟一脸坏笑地调侃道："俗话说得好嘛，八百里秦川尘土飞扬，三千万懒汉高唱秦腔。"（原句是"八百里秦川尘土飞扬，三千万老陕齐吼秦腔"）这句篡改过的俗语立即引起台下一片笑声，主持人也情不自禁地哈哈大笑。

也许在主持人看来，这样的"幽默"不过是一次很平常的即兴发挥，他的本意也可能只是为了缓和紧张气氛，给选手减压，可是却未曾考虑到自己所处的特定场合。平心而论，如果主持人在非正式场合，开开类似的玩笑，倒也无伤大雅；但在节目录制现场，他将几千万三秦父老都贬为"懒汉"，话说得就极不恰当。果然，此番"高论"经央视播出后，立即引起了轩然大波，招来无数陕西观众的电话投诉。

这就是说，主持人被投诉，是因为在正式的场合乱开了一句玩笑。

在日常生活中，也不乏说话不看场合的例子——

小赵和小李是同事，平时关系不错，在一起时总爱嘻嘻哈哈地开开玩笑。有一次，小李病重住院了，小赵去看望他，一见面就说："平时，我去健身房锻炼身体，总叫你一起去，可你就是不去。就你这体格，我看这次要玩儿完！"话音刚落，小李脸色煞白，生气地说："你说什么呢！"把他赶了出去，此后见了小赵也爱理不理的了。

小赵虽然是小李的好朋友，他在说那番话时也可能并无恶意，只是想促使小李"猛醒"，让他认识到锻炼身体的重要性，可是他在人家病床前非但不温言安慰对方，反而说那样的晦气话，让对方听来分外刺耳。小李会想：你这是专门跑来咒我的吧？看，因为"场合观念"淡薄，小赵一句话就几乎葬送了两人多年的友情。

不难看出，小赵被小李责怪，是因为在不合适的场合说了不吉利的话。

当然，说话不看场合的情形远不止以上三种。例如在公开场合说一些只适合私下里说的话等，同样犯了说话不看场合的毛病，这里就不一一列举了。可见，不会说话的人，随心所欲，不注意场合，冒失开口，出语生硬，结果，小事也能变大事，没事也能变有事。那些不看场合的话，就好比火上浇油，雪上加霜，既伤人又害己。

比如在办公室里，就有一些禁忌话题，不能乱说。

1. 忌说家庭财产之类话题。

家庭财产之类的私人秘密，并不适合随口与人说。就算你刚刚新买了别墅，或利用假期去欧洲玩了一趟，也没必要拿到办公室来炫耀，有些快乐，分享的圈子越小越好。被人妒忌的滋味并不好，而且容易招人算计。

2. 忌说薪水问题类话题。

很多公司不喜欢职员之间打听薪水，因为同事之间工资往往有不小差别，所以发薪时老板有意单线联系，不公开数额，并叮嘱不让他人知道。同工不同酬是老板常用的手段，用好了，是奖优罚劣的一大法宝，但它是把双刃剑，用不好，就容易引发员工之间的矛盾，而且最终会令矛头直指老板，这当然是他所不想见到的，所以对"包打听"之类的人总是格外防备。

3. 忌说私人生活类话题。

无论失恋还是热恋，别把情绪带到工作中来，更别把故事带进来。办公室里容易聊天，说起来只图痛快，不看对象，事后往往懊悔不迭。可惜说出口的话泼出去的水，再也收不回来了。再说，把同事当知己的害处很多，职场是竞技场，每个人都可能成为你的对手，即便是合作很好的搭档，也可能突然变脸，你暴露得越多越容易被击中。

4. 忌说个人职场野心类话题。

在办公室里大谈人生理想显然是滑稽的，打工就安心打工，雄心壮志回去和家人、朋友说。在公司里,要是你没事整天念叨"我要当老板,自己置办产业",很容易被老板当成敌人,或被同事看作异己。如果你说"在公司我的水平至少够副总"或者"35岁时我必须干到部门经理",那你很容易把自己放在同事的对立面上。在这个社会上,做人要低姿态一点,是自我保护的好方法。你的价值体现在做多少事上,在该表现时表现,能人能在做大事上,而不在说大话上。

顺水推舟，巧妙说话

隋朝时，有个人很聪明。官高气盛的杨素常在闲暇无聊的时候，把那人叫来说说笑笑。

年底的一天，两人面对面地坐着，杨素开玩笑地说道："有个大坑，深一丈，方圆也是一丈，让你跳进去，你有什么办法出来吗？"

这个人低着头，想了想，问道："有梯子吗？"

杨素说道："当然没有。如果有梯子，还用问你吗？"

那人又低头想了想，问道："是白天，还是黑夜？"

杨素说道："不要管是白天还是黑夜，你能够出来吗？"

那人说道："若不是黑夜，眼又不瞎，为什么掉到里面？"

杨素不禁大笑。又问道："忽然命你当将军，有一座小城，兵不满一千，只有几天的口粮，城外有几万人围困，若派你到城中，不知你有什么退兵之策？"

那人低着头想了想，问道："有救兵吗？"

杨素说道："就因为没有救兵，才问你。"

那人又沉吟了一会儿，抬头对杨素说："我审慎地分析了形势，如像您所说的，不免要吃败仗。"

杨素大笑了一阵，又问道："你是很有才能的人，没有事情不懂得。今天我家里有人被蛇咬了脚，你能医治医治吗？"

这个人应声答道："用五月端午南墙下的雪涂一下就好了。"

杨素道："五月哪里有雪？"

那人说："五月既然没雪，那腊月哪里有蛇咬？"

杨素笑着打发了他。

这个故事虽说是一则笑话，但类似的事情在现实生活中时常都会遇到。故事中的人回答问题时运用了顺水推舟的说笑术，杨素不但难不倒他，而且还在一问一答中显示出了他的说话能力。

在社交场合中，当你遭受对方顶撞、攻击、讽刺挖苦或者出言不逊时，不是立即以牙还牙，针锋相对，而是把它作为前提，作为铺垫，作为条件，顺势把自己的说笑抖搂出来。这才是真正的会说话。

20世纪，美国有个政界人物叫凯升，他首次在众议院发表演讲时，打扮得土里土气，因为他刚从西部乡间赶来。有一个善于挖苦讽刺的议员，在他演讲时插嘴说："这个伊利诺伊州来的人，口袋里一定装满了麦子吧？"这句话引起哄堂大笑。

凯升却并没有因此怯场，他很坦然地回答说："是的，我不仅口袋里装满了麦子，而且头发里还藏着许多菜籽哩。我们住在西部的人，多数是土里土气的，不过我们虽然藏的是麦子和菜籽，却能够长出很好的苗子来。"

这句话立刻使凯升的大名传遍全国，大家给他一个外号："伊利诺伊州的菜籽议员"。

这位"菜籽议员"采用的正是顺水推舟的方法，他深知顺势道理，把对方的冷嘲热讽当作可以利用的工具，顺路搭车，一路顺风地达到了自己的目的地。

从这些例子中可知，在社交生活中，有时自己如果处在尴尬的情况下，可用顺水推舟的说笑术使自己摆脱困境。

一语双关，化解尴尬

我们在日常工作和生活中，忙这忙那，难免顾此失彼，有时还会突然出现意想不到的失误。假如不善于随机应变的话，就有可能尴尬不堪，大丢"面子"。社会上那些会说话的人，都能根据当时情境，用几句话巧设双关、转移视线，这样不仅能迅速摆脱自己的窘境，而且还能增添情趣、活跃气氛，使你在社会上、在社交场上如鱼得水，永远立于不败之地。

这就是说，人们在一些特定的环境中，有时会无意间出现一些尴尬的事情，但是如果你能根据当时的实际情景，灵活地运用双关的语言来处理，反而会有神奇的效果。

第二次世界大战期间，英国首相丘吉尔到华盛顿会见美国总统罗斯福，要求美国共同抗击德国法西斯主义，并给予物资援助。丘吉尔受到热情接待，被安排住进了白宫。

有一天早晨，丘吉尔正躺在浴缸里，抽着他那特大号雪茄。这个时候，门悄然开了，进来一个人，是美国总统罗斯福。首先映入罗斯福眼帘的是丘吉尔的便便大腹……两位世界名人，就在这样的情形下碰了面，一时间，双方感觉都颇为尴尬。

突然，丘吉尔扔掉了烟头，对罗斯福说："总统先生，我这个英国首相在您面前可真是一点也没有隐瞒。"说完两人哈哈大笑起来。

丘吉尔这一句风趣幽默又语带双关的话，不仅使双方从尴尬的情境中解脱出来，而且借此机会再一次含蓄地阐述了自己的观点和目的，意外地促进了谈判的成功。

可见，灵活机智地运用一语双关法也是一种很重要的口才技巧，不过这也要靠平时的语言积累以及睿智的头脑才可游刃有余。

名人都有尴尬的时候，普通人更不例外。尤其是当我们在公众场合失言或失态的时候，可能会给自己造成极大的紧张，如果不及时弥补，便会贻笑大方或者使局面不堪收拾。在这种情况之下，怎样把话说得圆滑，使自己摆脱尴尬的境地，不仅需要临危不乱的心理素质，更需要机智高超的说话技巧。

有一次，著名书法家费新我当众挥毫，书写的是唐代大诗人孟浩然的名作《过故人庄》。当他写到"开轩面场圃，把酒话桑麻"一句时，一不留神，漏写了一个"话"字。旁观者看到这里，脸上无一不显出惋惜的神情，以为这只好作废了。可是费新我先生却冷静沉着、泰然处之。他稍稍停了一下，又继续泼墨挥笔。直到写完全诗，才在末尾补上四个小字："酒后失语"。

这样一语双关，既自然巧妙地修正了失误，又明白讲清了造成这种失误的原因，含蓄地表明了歉疚之意。书法家在这时巧用双关妙补救，起死回生，变"废"为"宝"，化腐朽为神奇，显得聪慧机智，难怪这四个字，赢得了众人的啧啧称赞。

有一次，著名诗人莫非应邀到首都师范大学中文系作家班举办学术讲座。诗人讲到自己的诗作时，准备朗诵一段，可诗稿却放在一个学员的课桌上，诗人便走下讲台去拿。由于是阶梯式教室，诗人上台阶时，一不留神一个趔趄倒在第二级台阶上，学员们顿时哄堂大笑。诗人稳住身子，转向学员，指着台阶说："你们看，上升一个台阶多么不易，生活就是这样，作诗亦如此。"这一哲理性的话语顿时赢得了热烈的掌声。诗人笑了笑，接着说，"一次不成功不要紧，再努力！"说着，装着用力的样子走上讲台，继续他的讲座。

可见，在人际交往中，人们因某事突然发生而处于受窘的境地，难以摆脱尴尬时，使用一两句双关语可以使气氛顿时轻松起来，帮自己或他人解除窘迫。

在一部小说里有这样一个情节：在一次新婚典礼上，贴在堂上的"囍"字突然从墙上飘了下来，刚好落在新人的头上。顿时，喜堂上的宾客为之一愣，大家脸上的笑容立即消失，取而代之的是满脸的不快。还是那主持婚礼的小伙子头脑机敏，立即揭起"囍"字高声说道："哎呀，各位亲朋好友，你们看喜从天降，喜上眉梢，双喜临'人'啦！"顷刻，喜堂欢声雷动，一对新人的脸上充满笑意。

巧用双关不仅能帮我们化解尴尬,而且在一些特殊场所还能帮我们惩治坏人,且看下面这个案例:

阿凡提在闹市租了一家店面开理发店,租期为一年。店主仗着店面是他的,每次剃头都不给钱。

有一天店主又来了,阿凡提照例给他剃了光头,然后边刮脸边问道:

"东家,眉毛要不要?"

"废话,当然要!"

阿凡提嗖嗖两刀,把店主的两道浓眉剃了下来,说:"要就给你吧。"

店主气得说不出话来,埋怨自己不该说"要"。

"喂,胡子要不要?"

"不要,不要!"店主忙说。

阿凡提嗖嗖几刀,把店主苦心蓄养的胡子刮了下来,甩到地上。

阿凡提用双关语,把店主惩治得无可奈何。

由此可见,一语双关由于含蓄委婉,生动活泼,话中有话,又幽默诙谐,饶有趣味,能给人以意在言外之感,在某些时候还能惩治像"店主"这样的势利小人,因而经常为人们所使用。

学会使用反语

说好话有很多应变技巧，其中正话反说的方法值得推荐。

反说就是说反话，是用与本意相反的词语或句子去表达本意的一种修辞方法。使用"反语"的言辞，表面意思和作者内心真正所要表达的真意恰恰相反。就是表面赞扬，其实责骂；表面责骂，其实赞赏。反语可分为两种类型，即"正话反说"和"反话正说"。

正话反说是办事说话时的一种常用方法。反说出来的话能使本来也许是困难的交往变得顺利起来，让听者在比较轻松的氛围中接收信息。例如巧用语气助词，把"你这样做不好！"改成"你这样可能会产生某种后果，这种后果……"然后让听者自己理解这种后果的严重性，自然也就接受了你的建议或意见。

战国时期，楚国有一位能言善辩的人，名叫优孟，他善于在谈笑之间劝说国君。楚庄王有匹爱马，楚庄王看重这匹马远远超过人。比如他为马披上锦绣的衣服，将它养在华丽的房舍里，马站的地方设有床垫，并用枣脯来喂它。可是，马因为吃得太好太多，不久就患肥胖病死了。庄王非常难过，下令全体大臣给马戴孝，不仅准备给马做棺材,还要用大夫的礼仪来安葬马。

朝里群臣对楚庄王的做法都非常反对,纷纷上书劝庄王别这样做。然而楚庄王却一意孤行,对群臣的劝说十分反感,并下令说:"谁再敢对葬马这件事进谏,格杀勿论!"

慑于庄王的淫威,群臣们都不敢再进谏了。优孟听说这件事后,他马上来到殿门,刚步入门阶就仰天大哭。庄王见他哭得这么伤心,觉得很惊奇,问他为什么大哭。

优孟说:"这匹死去的马是大王最疼爱的,楚国是堂堂大国,用大夫的礼仪来安葬,礼太薄了,一定要用国君的礼仪来安葬它。"

楚庄王听到优孟不像群臣那样拼死劝谏,而是支持他的主张,不觉喜上心头,很高兴地问道:"照你看来,应该怎样办才好呢?"

"依我看来,"优孟清了清嗓子,慢吞吞地说,"以雕工做棺材,用耐朽的樟木做外椁,以上等木材围护棺椁,派士兵挖掘墓穴,命男女老少都参加挑土修墓,齐王、赵王陪祭在前面,韩王、魏王护卫在后面,用牛、羊、猪来隆重祭祀,给马建庙,封它万户城邑,将税收作为每年祭马的费用。"说到这里,优孟才将话锋一转,指出了庄王隆重葬马之害,"这样,诸侯听到大王对死马的葬礼如此隆重,都知道大王认为人卑贱而马尊贵了。"

优孟这么一点,的确点到了庄王葬马的要害,一个统治者竟会"贱人而贵马",必然为世人所厌弃。问题到了这样严重的地步,不能不使庄王大为震惊,说道:"寡人要葬马的错误竟到了这么严重的地步吗?那么该怎么办才好呢?"

优孟见庄王认识到了自己的错误,马上和缓地说:"请让我为大王用葬六畜的办法来葬马吧:用土灶作外椁,用大锅作棺材,用姜枣作调味,用木兰除腥味,用禾秆作祭品,用火光做衣服,把它葬在人的肚肠里。"于是,庄王听从优孟的劝谏,派人把马交给掌管厨房之人去处理,不让此事传扬出去。

优孟采用的办法就是正话反说,不直接说出自己的意思,而是从相反的方向委婉含蓄地表达自己及众大臣的意愿,让楚庄王接受。

正话反说也是交谈中的技巧之一,其特点就是字面意思与本意完全相反,让听者自觉去领悟,从而接受你。优孟因侍从庄王多年,熟知庄王的性情,知道对此时的庄王,忠言直谏、强行硬谏肯定是没有效果的,所以干脆从称赞、礼颂楚庄王"贵马"精神的后面烘托出劝谏的真意——讽刺庄王的昏庸举动,从而把庄王逼入死胡同,不得不回头,改变自己的决定。在特定的情况下,采用正话反说的方法,会收到意想不到的奇效。

其实在生活中,我们经常使用到正话反说这种方法,只是自己没有察觉到罢了。在常用口语中,我们常常对于明明应当褒扬肯定的人或事,偏偏说反话进行贬损。例如"冤家""可憎""死鬼""缺德的""挨千刀的"等多为女性对热恋中的情人或丈夫的昵称。口头虽笑骂,心里却疼爱。《红楼梦》中王夫人称宝玉为"孽根祸胎""混世魔王",黛玉称宝玉为"我命中的魔星",贾母称凤姐为"促狭鬼"等都是表示亲昵的正话反说。再如古诗：

不才明主弃，多病故人疏。（孟浩然《岁暮归南山》）
名岂文章著，官应老病休！（杜甫《旅夜抒怀》）

这两联诗句说的都是反话，例①诗人把自己宦途渺茫、功名未就的遭遇，归结为本人缺少才干，所以被明主弃置不用。至于遭到故人的疏远，是由于自身多病引起的。其真意却是抒发对贤才难遇明主和世态炎凉的无奈和感慨。例②表面说：有点名气，哪里是因为自己文章写得好呢？进入仕途，年老多病就该致仕退休。其实说的是反话，诗人的真意是：由于长期受到压抑，致使远大政治抱负不能实现，仅以诗文名世；加之遭受排挤，休官离职，孤身漂泊。

正话可以反说，反话自然可以正说。所谓反话正说，和正话反说恰恰相反，就是对于明明应当贬损否定的人或事，偏偏说反话加以褒扬肯定。例如：

智识高超而眼光远大的先生开导我们：生下来的倘不是圣贤、豪杰、天才，就不要生；写出来的倘不是不朽之作，就不要写；改革的事倘不是一下子就变成极乐世界，或者，至少能给自己有更多的好处，就万万不要动（鲁迅《这个与那个》）！

这个例句用了正话反说的讽刺反语：所谓"智识高超而眼光远大的先生"，实际是对市侩哲学预言家们的辛辣嘲讽。

在言语交际中，反语大抵出于睿智之思，发诸诙谐之口。恰当地运用反语，可以用于揭露、批判、讽刺消极的方面，增强语言的战斗性。鲁迅说他自己"好用反语，每遇辩论，辄不管三七二十一就迎头一击"。另外，使用反语褒贬事物，增强语言的鲜明性；还可以利用反语变换语气，增加语言的生动性。但使用反语时也应注意两个问题。

（1）运用反语进行讽刺，一定要注意立场，认清对象，区别对待。注意语言环境，在说话时掌握分寸。

（2）运用反语应当明朗，要让听者理解，切忌含混，避免误解。

"别解"词语有妙用

在交际场合,我们常被要求要有一说一,有二说二。当然,实话实说是一种美德,可若谈话没有任何创新和变化,也就没有了奇情才思,听得多了自然就显得平平淡淡,让人感觉乏味。这时,我们就可以尝试一下别解词汇,把一个看似平常的词语衍生出奇妙的歪理,以不变应万变。

某人在一次宴席上问鲁迅:"先生,您为什么鼻子塌?"

鲁迅笑着回答他说:"碰壁碰的。"

在这句话里面,既有对社会现实的不满,又有对自己生活坎坷经历的嘲讽,这样丰富的具有社会意义的内容与"塌鼻梁"这样一个具有丑的因素的自然生理特征结合在一起,便产生了无法言喻的幽默感。

在一次野外夏令营活动中,一位姑娘想把一只癞蛤蟆赶出营地,以免她的猫去咬它。她不断地向它跺脚,癞蛤蟆就接连向后跳。这时,旁边有人大声说:"小姐,你就是抓住它，它也永远不会变成白马王子的。"

小姐跺脚，意味着要赶走癞蛤蟆，但大家都知道童话中蛤蟆变王子的故事，所以也可以荒诞地用来意味她想抓住它，好使它变成英俊的白马王子。这一曲误的理解，确实挺有意思。

运用这种方式开玩笑，可以令生活其乐无穷。

一个人低头看地，可能他是在寻找东西，也可能是头疼难忍；一个人抬头望天，可能是鼻子出血，也可能是在数星星。当我们看到事物不同的表现形式时，要调查清楚，了解其本质。如果想当然，按既定经验判断，就会导致错误；当然，如果故意别解和误解，就产生了趣味，令生活倍增快乐。

一列新兵正在操练，排长大声叫着："向右转！向左转！齐步走！……"

一个新兵实在忍不住了，向排长问道："你这样打不定主意，将来怎么能带兵打仗？"

明显，这个新兵是在故意别解，才能产生如此有意思的局面，排长不但没有责怪新兵，还忍不住想笑出声来。

曾有一位女教师在课堂里提问："'不自由，毋宁死！'这句话是谁说的？"

有人用不熟练的英语回答："1775年，巴特里克·亨利说的。"

"对,同学们,刚才回答的是日本学生,你们生长在美国却不知道。"

这时,从教室后面传来喊叫:"把日本人干掉!"

女教师气得满脸通红,大声喝问:"谁?这话是谁说的?"

沉默了一会儿,教室的一角有人答道:"1945年,杜鲁门总统说的。"

听到如此饶有风趣的回答,这位女教师还会"气得满脸通红"吗?

一位来自新加坡的老太太在游武夷山时,不小心被蒺藜划破了裙子,顿时游兴大减,中途欲返。这时导游小姐走近老人,微笑着说:"这是武夷山对您有情啊!它想拽住您,不让您匆匆地离去,好请您多看几眼。"

短短的几句话,就像和煦的春风,把老人心中的不快吹得无影无踪了。

在日常生活中,一本正经地从事实出发,从常理出发,从科学出发,是找不到乐趣的,如果以一种轻松调侃的态度,将毫不沾边的东西"捏"在一起,在这种因果关系的错误与情感和逻辑的矛盾中,才可产生笑意。因此,我们常常能看到一些人,用这种"故意曲解"的方式来消除烦恼,避免难堪,表达着乐观与博大。

需要注意的是,这里的别解词语不同于多义词。汉语当中有不少一词多义的现象,但我们这里要说的是,根据需要为词语编造出新的含义。在特殊语境中制造新的词解,可以让谈话变得更有趣,也可以巧妙地回绝那些不想直接谈及的问题,甚至可以回击某些恶意的攻击,可谓是一种十分实用的幽默技巧。

一般地说,在社交场合,说错了话,做错了事,无疑应当老老实实承认,认认真真改正。但在某些特定的场合,如也照此办理又会使自己陷入极为难堪的境地或者造成无法弥补的损失。这时不妨考虑一下,能否来个将错就错,出奇制胜,从而摆脱窘境。生活中就不乏其例,而且有趣的是,这种"文过饰非"非但不被视为"恶德",反倒还是善于审时度势,权宜机变的表现。

有一次,张作霖出席名流雅席。席间,有几个日本浪人突然声称:"久闻张大帅文武双全,请即席赏幅字画。"张明知这是故意刁难,但在大庭广众之下,盛情难却,就满口应允,吩咐笔墨侍候。只见他潇洒地踱到桌前,在铺好的宣纸上大笔一挥写了个"虎"字,然后得意地落款:"张作霖手黑"。印上朱印,踌躇满志地掷笔而起。那几个日本浪人,丈二和尚摸不着头脑,面面相觑。机敏的随侍秘书一眼发现了纰漏,"手墨"亲手书写的文字怎么成了"手黑"?他连忙贴近张作霖耳边低语:"您写的'墨'下面少了个'土','手墨'变成了'手黑'。"张一瞧,不由得一愣,怎么把"墨"写成"黑"啦,如果当众更正,岂不大煞风景!他眉梢一动,计上心来,故意训斥秘书道:"我还不晓得这'墨'字下边有个'土'!因为这是日本人要的东西,这叫寸土不让!"

话音刚落，满座喝彩，那几个日本浪人这才悟出味来，越想越没趣，只好悻悻退场了。

你看，原本难免大出洋相的一个笔误，竟然成了民族气节和斗争艺术的折光反映。这种"化腐朽为神奇"的效果不就是将错就错的妙处吗？

糊涂说话，明哲保身

智慧有时隐藏于痴呆中，虚假的外表更能表达真实的意念。

在日常生活中，故作"痴呆"所表现出的说笑是高度机智的产物，因为它往往对一些人所共知的或简单易懂的现象做出荒诞的解释或发挥，将人引向另一个不易想到的荒唐的思路。

例如，你朋友脸红，你建议他少吃点西红柿；你朋友脸黑，你建议他少喝点黑芝麻糊。明明是不可能的事情，但你硬把它们凑到一块，便显出了你的假痴假呆的可笑。有时尽管对方和自己都知道其中的"痴"和"呆"，但客观上会因其"痴言呆语"中所含的俏皮味而引发谐趣。

女士俱乐部每星期五下午举行聚会，请人来就一些重要问题做报告，做完报告，接着是茶话会、问答会。一个星期五，一位先生来给听众们讲食物问题。他在报告中说："现在世界上的食物不能满足人类的需要，有一半以上的人在忍饥挨饿。食物生产得多，孩子也生得多，人们还是要挨饿。世界上不论白天黑夜，每分钟都有一个妇女生孩子。对此我们应该怎么办呢？"他停顿了一下，正要继续往下讲时，有一位夫人问道："我们为什么不找到那个妇女,制止她生产呢?"

那位发问的夫人运用的正是假痴假呆的说笑。大家都知道,"一个妇女"是不确指的每个生孩子的妇女。这位夫人也清楚这一点,可她偏偏把"那个妇女"说成特指的某一个妇女,并"傻乎乎"地要求把那个妇女找出来,制止她生产,这种完全"痴呆"的发问使人一听即明,是一种故作"傻帽",并随之因为这种俏皮的"愚蠢"而发出会心的微笑。

故意将自己换成他人,好像没有自知之明,实为大智若愚。而偷换角色的方法前提是你在正确理解对方的指向对象后,想出一个用对方的话也能解释得通的虚假对象,然后以此作为你的真实对象说出你的"俏皮话"。这种"俏皮话"如果说得巧妙,具有很好的幽默效果。这在日常生活中也经常出现。

例如:在一个印第安小村庄里,人们都来庆贺一位九十九岁高龄的老人过生日,酋长自然也来捧场。他很自豪,因为在他的村中出了这么一位大寿星是远近闻名的事。只见他高兴地向老人道喜:"老伯伯,衷心地祝贺您:我希望明年能给您庆贺百岁大寿!"

老人很认真地打量了酋长一番,然后说:"为什么不行呢?您身体好像挺结实……"

在这里,老人就巧妙地偷换了角色。酋长的意思很明确,明眼人一听就知道是酋长希望老人能再活一年,可老人偏偏把这种真实的意思想成是酋长希望自己能再活一年,于是很好笑地说出

第三章 随机应变,用话语化险为夷

安慰酋长的话。两者谁能再活一年的可能性大是显而易见的，可老人偏不认这个理，他很巧妙地把自己的角色换成了酋长的。指向对象经过老人这么一偷一换，反过来却定在了酋长身上，喜剧效果是很强的。相信周围的人会立刻捧腹大笑。

让我们再来欣赏几则阿凡提的故事——

一个人问阿凡提："阿凡提，听说人是用泥巴捏成的，这话当真吗？"

"当真。"

"人若是泥捏的，那么泥巴里掺麦草了没有？"

"掺了的。如若没有，人们在这个悲惨的世界上，身子早就让泪水给泡散了。"

"人是用泥捏成的"这话本身是神话传说，但竟然还有人当真问来问去！阿凡提见怪不怪，既不正面引导，也不予以反驳，而是不动声色，略施小计，顺着对方的思路继续往下发挥，让其信以为真，产生疑惑和思考，直至恍然大悟。这就是阿凡提的装疯卖傻法。

不过，这里的"疯"不是真疯，它是阿凡提一个善于说笑的体现和智慧的象征。从表面上，他的确像对方一样"傻拉吧唧"，其实内在思想却充满着高度的机智和敏锐。

再如在《装疯》的故事里，谁能说阿凡提是一个疯子和傻子呢？

阿凡提到另一个城市去办事，返回时却迷了路，走进一片树林。这时,恰巧这个城市的伯克在林里打猎。伯克问阿凡提:"你是哪里的人?"

"我是从那个城市来的。"阿凡提指着伯克所在的城市方向。

"那个城市怎么样呢?"

"还不错。"

"那里的人怎么样?"

"人也很好。"

"伯克怎么样呢?"

"伯克嘛——可是又贪财又残暴!"

"我就是那里的伯克。"

阿凡提一听,眼珠一转,马上对伯克说:"伯克大人,你认识我吗?"

"我不认识你!"伯克愤怒地说。

"我就是那个城市的疯子。疯病不发作,就给伯克老爷们祈祷幸福;可发疯起来,嘴上就臭骂起伯克老爷们来了。今天正好是我发疯的日子,恰巧就遇到你了。"阿凡提说着就疯疯癫癫地赶紧走开了。

阿凡提的故事《吞只活猫》也非常地道地"疯"出了风格。

阿凡提给乡亲们行医治病,庄上的巴依总想刁难他。有一次,巴依假装慌里慌张跑来说:"阿凡提,昨天晚上我正睡得香,一只老鼠从我嘴里钻到肚子里去了。这怎么治啊?"

第三章 随机应变,用话语化险为夷

"马上抓一只活猫,让猫钻到你肚子里,把老鼠抓出来不就得了!"阿凡提说。

阿凡提的装疯卖傻法,也可以称为糊里糊涂法。所谓"糊涂",指的是人的一种低级心智,不过,阿凡提在上述《人的起源》《装疯》和《吞只活猫》三则故事里的"糊涂"就是一门学问和艺术了。不仅高雅,哲理也很深。因此,这种"糊涂"是一种高级智能,是精明的另一种特殊表现形式,是适应复杂社会、复杂情景的一种高级的、巧妙的社交方式。

使用装疯卖傻法,尤为值得注意的是,自己所说的话一定要让对方听后引发思考,有所感悟。如果对方不得其解,不能悟出你的本意,那么,你再高明的说笑也将失去力量,反而把自己变成了一个真正的"疯子""傻子"和"糊涂蛋"。

给自己找个台阶下

在生活中,每个人都难免遇到令人尴尬的人,或办出使自己尴尬的事情,而且因此陷入一种狼狈的境地。这时略施"小计"来进行自我调节,便能摆脱困窘,扭转尴尬局面。

在一个女孩的订婚宴会上,她很想给未婚夫的亲戚们留下好印象。她微笑着走进宴会厅,不料绊倒了一座落地灯,灯撞翻了小桌子,她正好跟跄跌在小桌子上,跌了个四脚朝天。她立刻跳起来,站直了说:"瞧!我也能够玩扑克牌把戏!"她的做法一下子就把尴尬的场面扭转了,而且她还给人留下了聪明、大方、对自己充满信心的好印象。仅这一件小事,人们就已充分了解了她的智慧和能力。

俗话说:家丑不可外扬。可是在说说笑笑的时候,"笑话自己"是一个得到普遍认同的观点。瓦尔特·雷利说,不论你想笑别人的哪一点,先笑你自己。试想当一个人想说笑话、讲讲小故事,或者造一句妙语、一则趣谈时,取笑的是他自己,其他人谁会不高兴呢?所以说,想要制造笑,最安全的目标就是你自己。

美国幽默作家罗伯特就主张以自己为幽默对象，或者说，"笑话自己"。运用这种方法，在生活中的各种场合，我们都可以发现笑料，引出笑声，为人们解除愁闷和紧张。长此以往，你就能获得一种幽默智慧，能够承受各种既成事实，更有信心去努力改善现状，也能够增加自己的亲和力。

比如在双方交谈刚开始，尚未开宗明义之前，来一个巧妙的笑话，使对方处于欢乐激情之中，达成情绪上的"晕轮"，就像刘姥姥进大观园那样，首先给对方以轻松感，然后再侧面谈及农家之苦，把对方的骄傲情绪和同情心调动起来，他们自然乐于施舍于她了。利用自我解嘲，可主动地暗示自己的处境，唤起对方的同情。

有一个人向他的朋友抱怨："我愈来愈老了。"当然，朋友告诉他，他看起来仍和从前一样年轻。

"不，我不年轻了。"他坚持说，"过去总有人问我：'为什么你还不结婚？'而现在他们问：'你当年怎么会不结婚的呢？'"

朋友在被他逗笑的同时，也不免会为他年华逝去，却还没有成家而同情他。要获得他人的同情，我们要首先脱掉虚伪的外衣，真诚地表露自己。而趣味的说笑能帮助我们移去障碍和欺骗。有时候，在大庭广众之下，我们会犯一些小错误，闹一些小笑话，这时候，就可以用逗乐来帮助我们表达真诚，来解除别人的嘲弄。

乐观地面对生活，借着欢乐的分享，你就可以把琐细的问题摆在适当的位置，整个生活相形之下你就显得很小了，这有助于你轻松地获得他人的同情,也能使你重振精神。

有时候,我们也难免会撒谎或者欺骗他人。而当我们偶尔犯了错误受到谴责的时候,我们总是希望得到他人谅解。我们相信,绝大多数人是诚实的、善良的,因而我们采取说笑的方式争取他人的谅解。

一个妇人打电话给电工:"喂,昨天请你来修门铃,为什么到今天还没有来?"

电工答道:"我昨天去了两次,每次按门铃都没有人出来开门,我只好走了。"

人们听后肯定会轻松地一笑,其意绝不在讽刺电工的服务态度,电工的愚笨反而使我们觉得可爱,进而谅解他的工作失误。

有一位职员,上班时间趴在桌上睡着了,他的鼾声引起了同事们的哄堂大笑。他被笑声惊醒后,发现同事们都在笑他,有人道:"你的'呼噜'打得太有水平了!"

他一时感到不好意思,不过他立即接过话茬说:"我这可是家传秘方,高水平还没发挥出来呢。"在大家一片哄笑中,他为自己解了围。

在说笑的时候先笑自己,是一条不成文的法则,你的目标必须时刻对准你自己。这时,你可以笑自己的观念、遭遇、缺点乃至失误,也可以笑自己狼狈的处境。每一个会说话的人都得有随时挨"打"的心理准备,如果缺乏自嘲的能力,那么他就会活得很累。

一次，陈毅到亲戚家过中秋节。进门就发现一本好书，便专心读起来，边读边用毛笔批点，主人几次催他去吃饭，他不去，主人就把糍粑和糖端来。他边读边吃，竟把糍粑伸到砚台里蘸上墨汁直往嘴里送。亲戚们见了，捧腹大笑。他却说："吃点墨水没关系，我正觉得自己肚子里墨水太少哩。"

人们喜爱陈毅，难道和他的这种豁达、幽默的禀性没有联系吗？把自己作为调侃的目标，以此来沟通信息、表达看法是最令人折服、最能获得信赖的。你以取笑自己来和他人一起笑，这能够让他人喜欢你、尊敬你，甚至钦佩你，因为你用你的乐观向他人展现了你善良大方的品质。

威廉对公司董事长颇为反感：他在一次公司职员聚会上，突然问董事长："先生，你刚才那么得意，是不是因为当了公司董事长？"

这位董事长立刻回答说："是的，我得意是因为我当了董事长，这样就可以实现从前的梦想，亲一亲董事长夫人的芳容。"

董事长敏捷地接过威廉取笑自己的目标，让它对准自己，于是他获得了一片笑声，连发难的人也忍不住笑了。

说说笑笑是一种只有聪明人才能驾驭的艺术，而自嘲又是这种艺术的最高境界。由此可见，能自嘲的人必然是智者中的智者，高手中的高手。自嘲就是要拿自身的失误、不足甚至生理缺陷来"开涮"，对丑处不予遮掩，反而把它放大、夸张、剖析，然后巧妙地引申发挥、自圆其说，博得一笑。

一个人如果没有豁达、乐观、超脱、调侃的心态和胸怀，是无法做到的。自以为是、斤斤计较、尖酸刻薄的人更是难以望其项背。自嘲不伤害任何人，因而最为安全。你可用它来活跃气氛，消除紧张；在尴尬中自找台阶，保住面子；在公共场合表现得更有人情味。

声东击西的说话艺术

战略战术上的"声东击西",相信大家都可能知道不少,但日常生活中运用"声东击西"法,却不是每个人都会的。我们先看这样一个生活中的例子:

李三是全村有名的喜欢借东西但从来不及时归还的人,邻居们都找借口不想借给他东西用。

一天,李三来到邻居王六家,问:"王六哥,今天你们家要用平板车吧?"

王六早有准备,很干脆地回答说:"是的,我们今天正好要用。"

听到这儿,李三高兴地说:"太好了,这么说你们家今天就不用拖拉机了,正好借给我用用啊。那太好啦。以后会好好谢谢你的。"

这个李三虽是一个不太守信用的人,但他的"声东击西"法还是运用得很熟练的。

有一对夫妻,妻子非常喜欢唱歌,可是水平特别差,有时候搞得丈夫没法休息，丈夫多次劝说也无济于事。有一次已经深更半夜，妻子还在那里自得其乐地唱着难听的歌，丈夫只好急急忙忙地跑到大门口站着。

妻子见此，不解地问道："我每次唱歌时，你干吗总是要跑出去站在门口呢？"

丈夫非常清楚地说："我这样做是为了让邻居看到，我并没有打你。"

丈夫的回答，表面上看是答非所问，实际上是采用了一种声东击西的说笑艺术。妻子乍一听也毫不介意，可是继续回味，才会发觉自己像咽进了一只绿头苍蝇般，哭笑不得。丈夫的回答，表面意思是在说妻子发出的声音不是丈夫殴打所致，本意则是在讽刺妻子唱得难听，好似被打得惨叫一般。

在有些场合，利用"声东击西"的技巧，把相同意思的话用不同的语言来表达，效果迥异。有时言在此而意在彼，确实令人回味无穷。

《五代史·伶官传》中有一事十分有趣：庄宗喜好田猎，在中年打猎，践踏许多民田。中年县令为民请命，庄宗发怒，要杀他。

伶人敬新磨得知后，率领众伶人去追赶县令，将之拥到马前，责备他说："你身为县令，怎么竟然不知道我天子喜爱打猎呢？为何让老百姓种庄稼来交纳税赋，而不让你治下百姓忍饥去荒废田地，让我天子驰骋田猎？你罪该万死。"于是拥着县令前来请求庄宗杀之。

庄宗听后无奈大笑，县令被赦。

以上这则故事中，敬新磨为了达到劝谏目的，取得和君王谈判的成功，运用了反话正说、声东击西的技巧，就是使用与原来意思相反的语句来表达本意，表面赞同，实际反对。在生活中，尤其是在人际交往时或谈判桌上，运用这种表达方式往往能收到直接表达所起不到的作用。

如果说连小孩子也"懂得"了"声东击西"之术，人们可能不太相信，下面这个例子可以让不相信的大人们目瞪口呆：

同事有一个一岁多的女儿。那天，同事带着女儿在小区里遛弯儿，和妈妈们凑到一起聊起了天。小女孩看见一个比她大一点的小男孩在玩一个很好玩的玩具，很想去玩，但估计了一下双方的实力，觉得自己肯定抢不过人家。于是她就走到那个小男孩妈妈面前，喊道："阿姨，抱抱！"阿姨高兴地去抱她，可是小男孩不干了，跑过来要自己妈妈抱。

于是，小女孩顺利地拿到了玩具。

第四章
谈判交涉讲策略

在当今社会,谈判交涉能力越来越受到更多的人的关注与重视,因为我们每天都处在各种各样的谈判或交涉之中。两利相衡取其重,两害相权取其轻,其目的是让自己"赢"。如果你能审时度势、趋利避害、拥有在博弈中完美胜出的智慧,那你就一定能获得社会认可。这就是策略,而这些策略,对于重要的谈判或日常的交涉,精于它的人往往能够大事化小、小事化了;而谈判交涉能力欠缺的人,则常常会因为一件小事陷入进退维谷、阻碍重重的境地。

学会掂量自己

谈判交涉在生活中很频繁，很普遍，因此很少有人重视它，去做准备。人们普遍认为，谈判交涉靠的是临场发挥，见机行事。其实，在一定程度上是要靠临场发挥，但必要的准备工作还是不可或缺的。比如，在谈判交涉前，先要掂量掂量自己，再去揣摩别人。

先掂量自己，这很有好处，甚至决定了你能不能成功。假若你想帮助别人，先要掂量自己的能力有多大；假若你想请别人帮忙，也要掂量自己有什么值得交换，对方在帮你之前，也会考虑一下你的现状，或者将来对他有什么好处。

1. 掂量自己的身份

当我国试爆第一颗原子弹时，当时任外交部部长的陈毅说道："有了原子弹，我的腰就硬了，我这个外交部部长说的话也就有分量了。"

在这个社会上，每个人的角色不同，社会分工也不同，农民种地，工人做工，教师教书，不同角色承担着不同的工作任务，现代社会正是一个动荡的转型期，社会的分工也越来越细，这就对现代人的生存本领提出了更高的要求。人不仅要能够适应多变的社会角色，还应对自身的角色有一份清醒的认识。

人微言轻，权高位重，在这个社会上人与人之间的人格虽然是平等的，但是每个人在社会中所处的地位和身份却有不同，而身份不同，其办事能力也是不同的。现实中，我们常常能见到这种现象：与亲戚交涉时，一般来说，辈分高的人出面要比辈分低的人容易一些；在社会上交涉时，求有社会地位的人出面帮忙，就比地位不高的人出面顺畅。之所以有这样的差异，就在于每个人在社会中的身份与地位的不同。

因此，无论是进行何种交涉，我们都必须认清自己的身份与地位，能跟什么样的人交涉，采取什么样的方法和途径才合适。只有心里有了这个谱，交涉才会更有针对性、分寸感，自然就会减少许多不必要的麻烦和障碍，更容易达到办事的目的。

2. 掂量自己的人缘

人缘的好与坏对交涉能力来说很重要。人缘好的人，在社会上的形象就好，社会评价也高，因而与人交涉时也容易得到理解、同情、支持、信任和帮助。这就是说，一个人的人缘的好与坏，直接反映着这个人在社会上的办事能力和水平。所以，我们在交涉过程中，自己的人缘因素一定要考虑。

生活中也是这样，谁家都会有一两件大小事情，比如儿女婚嫁、买房装修，而有多少人会来给自己捧场、献贺礼、帮忙，则完全取决于自己的人缘。恰当地估计自己的人缘，依人缘进行周密的计划和行动，才能使事情办得圆满。

3. 琢磨对方是什么人

在社会上,稳重的人做事一般考虑较周全,既想到甲,又想到乙,这种习惯非常好,但在交涉过程中,却要依情况而定。

比如,我们在求人时,不要对每个人都低三下四地说好话,你要求准一个起主要作用的人,一切问题就都会好起来。

如果找准了人,就要在他身上下功夫。要学会运用交际的技巧,围绕着他展开话题,说话要特别小心。只要他高兴了,他手下的人就算再难缠,也不敢和他对着干。他若不高兴,你就什么事也办不成。

4. 看准对方身份

无论在哪个地方,无论在什么年代,地位等级观念都是很强的。对方的身份、地位的不同,你说话的语气、方式以及办事的方法也应各有所异。如果不明白这一点,对什么人都说同一种话,则可能会被对方视为无大无小,无尊无贱,不懂规矩,没有教养。人家就会不愿帮你忙,甚至有意为难你,你要办的事就可能无法办成。

所以说,聪明人都是懂得看对方身份、地位来办事的,平常我们所说的"某某人会办事",很大程度就体现在"见什么人说什么话"的才智上。这样的人不只当领导的器重他,做同事的也不讨厌他,他办事的成功率当然会很高。

先礼后兵，勿意气说话

"先礼后兵"是一种说话的哲学，目的是争取人心，因为如果在情义上已尽责尽力，即使发动干戈，也不怕引发众怒，毕竟对方错在"敬酒不吃吃罚酒"，自取其咎，怨不得他人。

交涉的目的很清楚，就是为了达成有利的协议。因此交涉前必须具有足够的力量作为后盾，才不会轻敌。但也不能滥用兵力，倘若一开始就气势汹汹，对方会不甘认输而顿生斗志，即使是后来终于完成交涉，至少是多费了一番手脚。所以力量绝不是前锋，它只是后盾，非到不得已，不轻易使出王牌。

如果论情无效，就与之论理，只要你理直气壮，步步深入，勿意气说话，一步一步地从某件小事谈起，最终定能达到自己的愿望。

所谓勿意气说话，就是说话别太偏激，别开过头的玩笑。假若几个好朋友在一起，大家开开玩笑，相互取乐，原是一件让人高兴的事。不过凡事有利也有弊，因开玩笑而使朋友不快的事情在社会上时常遇到。因此，开开玩笑是可以的，但要注意开玩笑的方法，不开过头的玩笑。

那么，开玩笑之前，你先要注意你所面对的对象是否能受得起你的玩笑。一般来说，人分为三类：第一种人狡黠聪明，第二种人敦厚诚实,第三种人,则介于两者之间。对第一种人,即狡黠聪明的人开玩笑,他不会让你占便宜的,结果是旗鼓相当,不分高下。第二种敦厚诚实的人,他们一般无还击之计,亦无抵抗之力,这种人喜欢和大家一齐笑,任你如何取笑他,他的脾气绝好,不会动怒。不过介于两者之间的第三种人,是最要认真对待的人。这种人大都也爱和别人一起说笑,但一经别人取笑时,既无立刻还击的聪明才智,又无接纳别人玩笑的度量,如果是男士则变得恼羞成怒,反目不悦,如果是女子就会独自哭泣或找人打闹。所以,在开玩笑之前,要先了解对方其人才能安全,其次要懂得适可而止。任何玩笑,一两句话说过就完了,不要老是纠缠一句话或对一个人开玩笑,也不要连续开好几个人的玩笑,不然你必然会招来非议。

开玩笑本来是一种调解谈话气氛的良好方式,但若使对方太难堪了,亦非开玩笑之道。这就是说,开玩笑要把握开玩笑的火候,不能过了度。比如,你笑你的同学考试不及格,你笑你的朋友怕老婆,你笑你的亲戚上了当或亏了本,你笑你的同事摔了跟头……这一切都是需要同情的事,你如果老是拿来取笑,不仅使对方难于下台,而且还表现出你很冷漠。

不说意气话,当然不只是开玩笑,任何谈话都要注意说话的火候,把握说话的分寸。比如,我们在领导面前说话时时注意,虽然说错了不至于掉脑袋,但后果仍很糟糕。上司不是一般的同事,即使是同事间说话也要注意分寸,何况上司呢,更要小心把握。

"不行吗?没关系。"这话是对领导的不尊重,缺少敬意。退一步来讲,也是说话不讲方式方法,说了不该说的话。

"无所谓,都行。"这句话会让领导认为你感情冷漠,不懂礼节。

"您不清楚。"这句话就是对熟悉的朋友也会造成一定的伤害,对领导说这样的话,后果更加严重。

"有劳了。"这句话本来是上级对下级表示慰问或犒劳时说的,下级如果对上级这样说,后果似乎不太妙。

"太晚了!"这句话的意思是嫌领导的决策或动作太慢,以至于快要误事了。在领导听来,肯定有"干什么不早点?"的责怪意味。

如果领导分配工作任务下来,而你说:"这事不好办。"这样就让领导下不了台,一方面说明自己推卸责任,另一方面也显得领导没远见,让领导没面子。

总之,谈判交涉最怕的就是意气用事,意气说话,只要认真对待,懂得先礼后兵,并注意这些说话的技巧,就能够避免不该出现的问题,最终达成目的。

敢于说"不"，善于说"不"

人在社会，要想会说话，很多时候要敢于说"不"，善于说"不"。比如，若别人有求于你，而你出于各种原因却无法满足，又不好直说"不行""办不到"，生怕因此伤害对方的自尊心；或对方提出一些看法，而你不同意，既不想讲违心之言，又不愿直接反驳对方；或你看不惯对方的言行，既想透露内心的真情，又不愿表达得太直白，以免刺激对方。这时候，就要学会巧妙委婉地拒绝，根据不同的情况说"不"。

过去有一个男孩爱上了一个女生。某天，这个女孩下班后，男孩在单位外等她。男孩打算请女孩吃一顿最好的火锅。可是正当他约这个女孩的时候，女孩的妈妈突然出现了。三个人于是便一起去吃饭。女孩的妈妈选择了最贵的餐馆，点了很贵也很多的菜。吃不完还打电话让她们家的亲戚都来吃。可怜的这个男生，就一直在一旁数着他的钱，盘算着够不够。不过万幸的是，这个餐厅可以刷卡，他刷尽了他所有的钱。

后来，女孩的妈妈还是不允许女孩和这个男孩来往了。

在这个故事中,这个男孩子为什么要硬着头皮地跟着去吃那么昂贵的一顿饭呢?后来这个女孩的妈妈为什么不允许他们交往呢?可见,有些时候死要面子,不会拒绝,不一定就能办成事情。

我们都曾经历过这类事件,因为我们都希望自己能够拥有良好的人际关系。其实并不是接受所有人的所有要求,就能够拥有很好的人际关系,学会拒绝,也是我们处理好人际关系的一种重要技能,也就是说,我们要学会说"不"。

当然,我们必须努力去做一个不说"不"的人,可是,当遇到别人不合理的请求时,我们是否也要委曲求全答应对方呢?这个时候,你千万不要因为不能说"不"而轻易地答应任何事情,而应该视自己能力所及的范围,尽可能不要勉强自己,结果既造成了对方的困扰,又失去了别人对你的信任。

30岁出头就当上了二十世纪福克斯电影公司董事长的雪莉·苪是好莱坞第一位主持一家大制片公司的女士。为什么她有如此大的能耐呢?主要原因是,她言出必践,办事果断,经常是在握手言谈之间就拍板定案了。

好莱坞经理人欧文·保罗·拉札谈到雪莉时,认为与她一起工作过的人,都非常敬佩她。欧文表示,每当她请雪莉看一个电影脚本时,她总是马上就看,很快就答复。不过好莱坞有很多人,其他人若不喜欢的话,根本就不回话,而让你傻等。但是雪莉看了给她送去的脚本,都会有一个明确的回答,即使是她说"不"的时候,也还是把你当成朋友来对待。这么多年以来,好莱坞作家最喜欢的人就是她。

由此看来，拒绝别人不是一件什么罪大恶极的事情，也不要把说"不"当成是要与人决裂。是否把"不"说出口，应该是在衡量了自己的能力之后，做出的明确的回应。虽然说"不"难免会让对方生气，但与其答应了对方却做不到，还不如表明自己拒绝的原因，相信对方也会体谅你。

不过，当你拒绝对方的请求时，切记不要咬牙切齿、绷着一张脸，而应该带着友善的表情来说"不"，才不会伤了彼此的和气。

在这个社会上混，该说"不"时就要说"不"，不要做不讲话的鹦鹉。一味地沉默只会让他人忽视你的努力，甚至忽视你的存在。做一个有声音的人，让他人感受到你的存在价值。不会说"不"的人，只会让他人觉得你是一个逆来顺受的人。

你是不是五次三番地被人利用和欺侮？你是否觉得别人总是占你的便宜或者不尊重你的人格？人们在制订计划时是否不征求你的意见，而会觉得你千依百顺？你是否发现自己常常在扮演违心的角色，而仅仅因为在你的生活中人人都希望你如此。如果这样的话，你的生活和工作就需要改变了，就需要拒绝和说"不"字。

当然真正鼓足勇气说这件事情的时候，当你认识到自己的需要并表达出来时，你会发现你原来所顾虑的事情一件都没有发生，而你的生活却发生变化，同事们和朋友们都开始尊重你，开始意识到你的存在。

据某报载，某办公室有6位职员，水房离办公室较远。开始时大家谁也不愿意去打水，因为打完后也许自己只能喝到一杯水，其他的水都被分光了。为了保证大家都喝到水，办公室制定了规章制度，每三个人为一小组，每天早晨、中午打水。

甲组中的三个人，只有向云比较老实勤劳，每次同组的其他两个人都躲得远远的，只有向云打水。这一天，大家中午没见到开水，其中乙组的一位同事对向云说："向云，开水呢？打开水去呀。"向云当即反驳道："我们三个人呢，你指使我干吗？"那位同事当时有些脸红，此时甲组的另外两位连忙说："唉哟，不好意思，忘了，我马上去！"

从此，大家打水自觉多了。向云并没有觉得自己以前帮得太多了而不去做了，他仍然和同事一起去打水。

向云利用其他同事的愤怒维护了自己的权益和平等地位，大家在一个办公室，具有同样的义务，不好去指使另外的人，只好采用拒绝的方式而仍然去打水，说明他不计前嫌，利用宽容获得了别人的好感。

有人说，如果你想真正了解一个人，就请注意他拒绝别人时的样子，这是一个人的全部。"不"不仅体现了一个人的性情，也诠释了一个人做人的标准，在该说"不"的时大胆地把"不"说出口，是一种境界。

说话之道，攻心为上

古人说："用兵之道，攻心为上，攻城为下。"由此可知，我们在谈判交涉中，了解对手的心理很重要，因为这样可以消除对方的戒备心理。

在交涉中，我们经常会遇到各种让我们比较尴尬的局面，这是因为对方对我们有戒备心。为了消除对方的戒备心，我们首先要知道怎样识别对方的戒备心。

如果你觉得对方开始的寒暄都没有什么诚意，或者虽然同意你的意见，但他的答复却是比较含糊其词；又或者他只是附和你，却并不发表自己的意见，等等。当这些情况出现的时候，你就应该意识到对方对你仍然存在戒备的心理。

产生戒备心的原因很多，可能与谈判交涉的内容有关，也可能与你的说话语气有关。从心理学的角度来说，如果想要消除对方的戒备心，必须首先要懂得对方的心理，使对方对你的个性发生好感与认同感。那么，我们应该怎样做呢？

当你发现对方存在戒备心理时，应该立即采取行动，去除这种戒备心理。你可以在与对方交谈的过程中做出认真倾听的表现，但是记住千万不要只是倾听对方的谈话，而不发表自己的意见，那样对方会觉得如同跟墙壁说话一样，慢慢地也就会变得索然无味的。你可以在对方表述的过程中不妨插几句如"的确,一点也不错",或"理解,就是你所说的",表示你同意对方的观点和说法。对方即使对你存在戒备心,说话的时候态度非常谨慎,只要你不时点头,并附和一声,对方的戒备心也会慢慢消除的。

如果你遇到沉默不说话的对手,不妨以对方所带的东西或者无意识的动作为话题,对方自然就会开口。

有人看到这里可能会问,难道消除对方的戒备心理就这么容易吗?其实不是,如果你是一名市场销售人员,在去拜访你的潜在客户之前,一定记住要做足功课。

那么我们应该做些什么功课呢?某集团一位项目经理的经验对我们很有启发:

> 前段时间,我去拜访上海大宁创意基地的年轻老总,她是个二十多岁的漂亮女人,我怎么也想象不到一个这么年轻的人会在这个位置,而且还有很多的政府背景。于是,在我去之前,在网络上找到了关于这位老总的很多资料,逐一看过并记下了相关重点,为什么我要这么做呢,因为我想要找到能够和对方切入主题的前导性话题,让她感觉你是和她站在同一个立场上的,这样会很容易使我们的话题进行下去。

会说话,就少不了人际交往,在人际交往的过程中,我们往往认为只要说话有条理,能够抓住重点,对方一定就会了解。其实如果想使对方真正地理解,除了理论上的交流之外,还需要心理上的交流。消除对方的戒备心理,就是一种无声的心理交流。

我们常常会听到对方说:"你讲的话很有道理,我也是非常明白,但是我总觉得缺乏真实感,不太现实。"如果遇到这种情况,我们应该怎么办呢?为了能够彻底地说服对方,我们先不要急着从理论着手,而应该从心理层面,从容易让对方接受的琐碎的地方去下手。比如,商场的销售人员经常会对顾客这样说,您不买没有关系,请先看一下吧。在出售香水的柜台前,漂亮的小姐会对顾客说,请您擦一点试试看。这是说服工作者常用的手段之一,叫作互惠原则。

或者我们在说服对方的时候,也可以站在第三方的角度来阐述自己的观点,让对方不会感到有很大的压力。

可以说,无论是谈判交涉,还是销售,消除客户戒备心理是最重要的一大技巧。如果你不会应用这个技巧,就会丧失许多机会,反之,可让你迅速把事情办成,甚至与对方成为知己。

具体要怎样做,曾有销售专家给我们提供了可以借鉴的经验。

1. 给对方一个喘息的时间

在你与对方打完招呼彼此落座时,不要急着展示你的产品和说明书,这个时候你应该寻找一个最适当的理由离开座位,给对方一个适应的过程。对方与你初次见面,由于大家平时没有什么来往,准客户的内心在很短的时间内很难接受你的说法和观点,对于你,他始终抱有很强的抗拒与防卫心理。此时你暂时离开座位,这种出乎他意料的行动给了他一个缓和的余地。比如,你可以跟对方说:"很抱歉,我出去方便一下",或者"对不起,我出去打个电话"等等,给他一个喘息的时间,让他有一个放松的间隙,好缓和他紧张的情绪。这时,也不要忘记在临走的时候告诉他:"我马上就回,你请先用茶。"但是你千万不要亲自去端茶倒水,这样会削弱了你的气势,让对方轻而易举地驾驭你。

2. 再给对方放松的机会

几分钟后,你就可以回座,用轻松的口吻与对方就"你是哪里人?""你的岁数看样子没我大"等一般性的问题寒暄一番。你要表现出你的诚意和态度,聆听完对方的回答后,便可以再度请求离开一会:"对不起,我去买盒香烟。"

这时,在对方的印象中,你们之间已经有一个熟悉的过程,对方的警戒心理已经逐渐开始放松。通过大家彼此的简短交谈后,对方就会对你有一个初步的了解,因此,对方的防卫情绪也就变得更弱了,你的离开使得对方再度放松自己,洽谈气氛就会更加融洽。

3. 让对方产生安全感

如果感觉到对方为了保护自己而说谎,那是因为对方没有了安全感。这个时候就要想办法使对方产生安全感,首先要使他对你产生信任感,这样他才会对你吐出真言。一般来说,想要套取对方的实情,循循善诱的方法比强硬逼供的手法更容易达到目的。但是其前提是我们必须做到让对方觉得"我实在不应该对这种人说谎"才行。简单地说,就是需要运用技巧,使对方在你的影响下而把实话完全说出来。

还有一种技巧是完全相反的,那就是把自己装扮成很容易上当的样子,使对方放下戒心,认为自己说什么都不会受到怀疑。这种情况下很容易让人无意间把心里的话说出来。换句话说,也就是让对方产生一种心理上的优越感,使他在得意之际忘形,此时询问一些问题,对方很可能就会无意中露出马脚了。这种方法的实施对象通常是那些极其傲慢不自谦的人。

总之,在谈判交涉过程中,消除对方的戒备心理的方法很多,关键在于我们平时多运用,多琢磨。

旁敲侧击，委婉说话

　　侧面出击，就是我们常说的旁敲侧击，这样能够人为地拉开话题与现场之间的距离，给对方留下一个缓冲带，或者给对方某种暗示。

　　都说会说话不容易，这不容易就在于社会是个复杂的大家庭。我们在社会交往中，总会有意无意地遇到一些不平之事，不公之人，对这些人事我们又不能去表达自己的不满。尤其是对自己亲近的人，我们只能巧加指责，让对方自己明白。怎样才能做到"巧"？话里藏话、旁敲侧击就是我们较理想的武器。

　　一是要侧面点拨：不直言相告，而是从侧面委婉式地点拨对方，使其更明白自己的不满，打消其失当的念头。这种技巧通常是借助问句的形式表达出来。例如：

　　　　小吴和小林是一对很要好的朋友，彼此之间都视对方为知己。有一次，同单位的小刘对小吴说："小吴，我总觉得小林这人为人有点太认真了，简直到了顽固不化的地步，你说是不是？"小吴一听小刘的话顿生反感，心想，你这小子在背地里贬损我的好朋友，缺德不缺德？但他又碍于同事之间，不好发作，于是就假装一本正经地说:"小刘,我先问你,我在背后和你议论我的好朋友,他要是知道了,会不会和我反目为仇?"小刘一听,脸"唰"地红了,不吭声了。

在这个案例中,小吴就使用了委婉点拨的技巧。面对小刘的发问,他没有直接回答"是"还是"不是",而是话题一转,给对方出了个难题,而这个难题又正好能起到点拨对方的作用,既暗示了"小林是我的好朋友,我是不会和你合伙议论他的",而且还隐含了对小刘在背后议论他人、贬损他人的一些不满。同时,由于这种话语比较委婉且含蓄,也不致让对方太难堪。

二是要类比警告:就是以两种事物的一个相似点来作比较,暗示警告对方言行的失当。例如:

> 某运输公司的经理在一次业务谈判中,受到了本市装配公司工作人员的顶撞,于是他气冲冲地给装配公司的经理打电话:"请撤销上次那个蛮横无理的工作人员的职务,否则就说明你们没有谈判的诚意。"
>
> 装配公司的经理听了微微一笑说:"经理先生,对于工作人员的态度问题,是批评教育还是撤职处理,完全是我们公司的内部事务,无需向贵公司做什么保证。这就同我们并不要求你们的董事会一定要撤换与我公司工作人员有过冲突的经理的职务,才算是你们具有与我们达成协议的诚意一样。"
>
> 运输公司的经理顿时哑口无言。在这里,装配公司的经理就很好地使用了类比警告的技巧。虽然说两公司

有很多不同之处，但有一点却是相似的，即两公司对工作人员或经理的处分完全是各公司内部的事务，与对他人有没有诚意无关。装配公司的经理就是抓住了这一相似点作比，从而敬告对方所提要求的过分和无理，表达了对态度蛮横的运输公司经理的不满。

三是柔性敲打：大部分的女孩子都是莫名其妙就生男友的气，以显示自己有个性。假如这个女孩是父母身边的掌上明珠，或是兄长的娇妹妹，就更是不能容忍别人对她的不满。有些痴情的男孩子因为自己的某句话引起女友的不快，生怕得罪自己的"公主"，会忙不迭地赔礼道歉，更有甚者会贬低自己请求原谅，以示对恋人的忠贞。其实大可不必如此。例如：

曾有某局长的女儿静怡和本单位的小李谈恋爱，由于家境的原因，静怡总是显示出某种优越感。小李是农家出生的，大学毕业就被分在局里做科员，可以说没什么靠山，自然感觉在静怡面前矮了一截。有一回静怡到小李家做客，对小李家人的一些生活习惯总是流露出一些看不顺眼的情绪，并不时在小李耳边嘀嘀咕咕。吃过晚饭还把小姑子支使得团团转，又是叫烧水又是让拿擦脚布什么的。小李看在眼里，心里更不是滋味。他借机笑着对妹妹说："要当师傅先学徒弟嘛！你现在加紧培训一下也好，等将来你嫁到别人家里，也好摆起师傅的架子来。"小李这么一说，静怡当时似乎听出了什么，过后不得不在小李面前表示自己有些过分。

小李不失时机地用"要当师傅先学徒弟"的俗话来借以提醒静怡，避免了直接冲突。虽然对方当时有点不满意，但过后也会有一定的感悟。

　　以上这些都是侧面出击的实用方法，在生活和工作中我们还可以总结出更多来。要想在这个复杂的社会里生活，不懂得旁敲侧击，一味地莽撞只能四处碰壁。而侧面出击的结果，往往能将许多看似不可能的事情办成。

不要把话说得太满

人人都知道,杯子里如果装满了水,当然再也倒不进去水了。同理,在这个社会上,我们做任何事情都要有所保留,说任何话都不能说得太满,以便容纳一些"意外",给自己留一条后路,也就留下了回旋的余地。

不把话说得太满,懂得给自己留后路的人,都是聪明人。杯子留有空间,还可以加进其他液体而不溢出来;气球留有空间,便不会因再灌一些空气而爆炸;人说话留有空间,便不会因为"意外"出现而下不了台,因而可以从容转身。

这个道理在生活中也随处可见,吃饭吃半饱,才有助于健康,饮酒饮到微醺才能体会到饮酒的快感。人在社会上混,很多时候需要给自己留下一点空隙,只有留有余地,才会有事后回旋的空间。就像两车之间的安全距离,要留一点缓冲的余地,才可以随时调整自己,进退有据。

我们来看下面这个案例:

> 某单位有一项工作的难度很大,老板将此事交给了一位下属,问他:"有没有问题?"下属拍着胸脯回答说:"没问题,放心吧!"

过了三天,没有任何动静。老板问他进度如何,他才老实说:"不如想象中那么简单!"虽然老板同意他继续努力,但对他的拍胸脯已有些反感。

这就是把话说得太满,而使自己陷入窘迫之中。道理很明显,把话说得太满就没有回旋的余地了,就没有后退的空间了。当然,也有人话说得很满,而且也做得到。不过凡事总有意外,事情随时可能产生变化,而这些意外并不是人能预料到的,我们提倡话不要说得太满,就是为了容纳这个"意外"!

生活中,细心的人都会发现,很多人在面对记者的询问时,都偏爱用一些比较含糊的字眼,诸如:可能、尽量、或许、研究、考虑、评估、征询各方意见等。为什么要用这些字眼呢?因为,他们就是为了留一点儿空间好容纳"意外";否则一下子把话说死了,结果事与愿违,就会影响自己的信誉。

我们在工作中更应该注意。上级交办的事当然应接受,但不要说"保证没问题",应代以"应该没问题,我全力以赴"之类的字眼。这是为了万一自己做不到所留的后路,而这样说事实上也无损你的诚意,反而更显出你的谨慎,别人会因此更信赖你,即便事情没做好,也不会责怪你!

在日常生活中也应该如此,当别人有求于你时,对别人的请托可以答应接受,但不要"保证",应代以"我尽量,我试试看"的字眼。如果与人交恶,不要口出恶言,更不要说出"势不两立""老死不相往来"之类的话,不管谁对谁错,最好是闭口不言,以便他日携手合作。

平时,我们对他人不要太早下评断,像"这个人完蛋了""这个人一辈子没出息"之类属于盖棺定论的话最好不要说,自己的人生自己把握,一辈子要走的路很长,谁都不能保证将来会是什么样。有一个女孩对此深有感悟,她在博客里曾这样记载自己的经历:

> 以前的我,思想很单纯,说话干脆,不考虑后果,后来有一个人提醒了我:丫头,话不要说得太满,给自己留一些余地,否则到时会很难堪。当时我不明白也不理解,以为这有什么,说了就说了,自己还不了解自己,说不会就一定不会,可是后来我终于清醒了,人活在这个世界上,要经历的事很多很多,有些事情也许可以肯定,但有些事情是说不准的,比如感情,那就是缘分,让两个天南海北的人相遇、相识、相知、相爱、最后结婚。
>
> 我和男朋友的相识很戏剧化,我俩是通过一个电话认识的,也许大家不相信,但就是那么偶然,像电影里的情节。虽然已经过去几年了,但我现在想起来感觉就像发生在昨天,那时的他少言少语、特别内向,很少和别人接触,而且我俩身处两地,在印象中他也不是我喜欢的类型,所以我只把他当作一个普通朋友看待。我们天天晚上通电话,引起了我周围朋友和同学的猜疑,当朋友们问我的时候,我还大笑地回答说:不是,我们只是朋友,他不是我喜欢的类型,我俩现在不可能、以后也不可能。就在那时,一个朋友给了我一句话:"话不要说得太满。"今天想起来,真是世事弄人,几年过去了,

我们竟成了恋人。真是不可思议！也许这就是两个人的缘分！

说话不留余地等于不留退路，要么成功要么失败的简单逻辑，已不适合复杂多变的社会。为此付出的代价有时是你无法承受的，那么，与其与自己较劲儿，不如多用一些缓和语气之类的说话方式。

多用一些不确定的词句，这样可以降低人们的期望值，当你不能顺利地完成任务时，他人会因对你期望不高，而能用谅解来代替不满，有时他们还会因此而看到你的努力，不会全部抹杀你的成绩；倘若你能出色地完成任务，那更让他人喜出望外，这种增值的喜悦会给你带来很多好处。因此，凡事要留有余地很重要，要时刻记住别把话讲得太满，懂得收放自如，让自己立于不败之地，从而在适度和完美之间找到平衡。

饭不要吃得太饱，话不要说得太满。天开地阔，心高路远，凡事都应该留点余地，这是生活的智慧。

第五章
美满的婚姻离不开嘴上经营

谁都渴望拥有美好的爱情,美满的婚姻,不过有情无情缘深缘浅,这就要看个人的造化了,而造化的关键就在嘴上。恋爱是靠嘴谈出来的,婚姻的稳固也离不开嘴的"经营",拥有好的口才是恋爱和婚姻成功的保证。尤其是男女双方在刚刚踏入爱河时,由于彼此之间不熟悉,所以说话时一定要注意技巧,只有会欣赏、会赞美才能为自己的爱情和婚姻"镀金"。

初次见面如何开口

在初次见到异性时,由于初次见面十分重要,所以有许多人往往因为紧张而不知所措,不知如何开口,自然无法和异性就一些话题进行更深的交流。即使原本健谈、幽默和风趣的人有时也会变得木讷、寡言甚至手足无措。这种现象在生活中已经见怪不怪了。

那么,初次与恋人见面究竟要说些什么,或者如何说,都有哪些讲究?下面将为大家介绍一些可以减少犯错,取得最好效果的对话方式。

1. 男性主动说话是礼貌

其实,初次见面大可不必那么紧张,也不要封闭自己的感情和心灵,如果你觉得对方不错,就大胆地向对方表示自己的真心。

在任何场合,男性都要主动向女性打招呼、问好,这是男性应有的礼貌,如果男性主动开口,并尽量展开话题,就不会出现冷场的局面。比如,一位姓张的小伙经人介绍与一位姓李的姑娘相识,在一个星光灿烂的夜晚,他们见了面。小张首先开口说:

你好!我已经等了你很长时间了,真怕你突然改变主意不来了,那我就惨了。现在你来了,真的要谢谢你。你觉得我的第一印象怎么样？首先在外观上能及格吗？我这个人最大的缺点就是不会收拾装扮自己，所以迫切想找一个贤内助帮我料理收拾。如果……

小张就是很自然地就展开了话题，并且不断地诱发姑娘说话，他从谈话中也就了解了姑娘的兴趣爱好，对她有了初步的了解。

2. 一切从赞美对方开始

在这个社会上，任何人听到有人谈论自己的问题，都会更加集中精神去倾听，何况还是赞美自己的话。称赞在引起对方注意的同时，会使对方的心情感到非常愉快，从而给打开心扉提供了一个好的契机。我们看看这个小伙子在初次见面时是怎么赞美对方的：

初次见面，我觉得有些紧张，但一走近你又不太紧张了，因为你给我的感觉不一样，你的眼睛非常漂亮，鼻子竟然能够如此的完美，你的围巾也非常漂亮，和发型非常相称。

可以想象，女孩听了小伙子这一番开场白，会很开心的，之后的交谈自然会更融洽。

3. 谈话要一点一点地深入

从谈论外貌开始，然后逐步开始谈论对方的性格，当然你要提及的只是那些你自己感受到的对方性格中的优点而已。接着还要谈论一些对方关心的话题，如运动、电影、旅游、兴趣爱好等，提出问题，并和对方进行讨论，适时地发挥你的幽默感。比如：

跟你聊了一会儿，我发现：你不仅心地善良，而且性格非常好;我非常钦佩你对事业的热情;我觉得你非常温柔;我很喜欢你的直爽;没想到你长得这么漂亮,还那么善解人意!

这个时候也不妨作一点自我推介,但是要注意,既不要过于炫耀自己,也不要说类似抱怨的话,你要在对方的脑中勾画出两人交往后幸福的场景,同时把自己的优点用暗示的方式表达出来。

4. 避免直接的表白

初次见面,你尽可以发挥你的幽默口才,逗得对方发笑是最好的效果。你如果不擅幽默,说一些诚实的话也没关系,但你一定不要直白地表露你的情感。像"我觉得我跟你很般配""我很喜欢你""我该怎么办啊""我好想跟你交往"之类的话,切忌在初次见面的时候就说出口。当然,模棱两可的话不妨说说,因为你与对方初次见面,还不确定是否要和对方交往,要给自己留一些余地。如果今后觉得满意的话,可以将当初还是比较犹豫,但后来在接触过程中越来越喜欢这一变化过程告诉对方。比如,你可以说:"有时候我自己也不太了解自己……"等等,制造让对方觉得模棱两可的烟幕弹。

5. 需要回避的话题

宗教或民族的话题,最好不谈,因为你还不能完全了解对方;

前女友或前男友的话题不要谈,因为过于敏感,怕引起不必要的情绪;

可能引起对方自卑感的话题不能谈,比如对方的身体缺陷等;

粗话、坏话不要讲；

过分炫耀自己的能力和钱财的话最好不讲；

无知的话、过时的笑话都不要讲。

如果对方和在你同一个空间范围内（比如在固定的时间可以遇见，在同一个地方上班，因为某些事情会经常见面），与其对她直接表白，不如将自己优秀的一面间接地传达给对方，比如，亲近她的朋友；出色地完成一个她所了解的任务；在她面前展示自己不同的形象等。

如果是通过相亲或者联谊活动结识的异性，在初次见面时有必要尽情地在对方面前展示自己最好的一面，如果抱着以后可以做得更好，穿得更加体面的想法，只会让自己感到后悔。因为初次见面时犯的小错误，可能会导致对方根本不给你再次见面的机会。

求爱何妨幽默一点

日本幽默家秋田实认为,幽默是爱情的催化剂。那么,究竟应该怎样向恋人表露自己的爱慕之情呢?这既没有固定的程式可循,也没有现成的话语可套,不过,你不妨运用幽默的求爱方式,即使不能情场得意,至少,也不会给以后的交往造成障碍,还可以保留一份美好的回忆。

比如,当你将一种语体的表达改变为另一种完全不同风格的语体来表达时,常常会让人忍俊不禁。用这样一种方式来向对方求爱,会让对方在轻松愉悦之中欣然接受。电影《阿飞正传》中就有一段很有创意的幽默情话:

> 在一个慵懒的下午,阿飞对着苏丽珍说:"看着我的表,就一分钟。16号,4月16号。1960年4月16号下午3点之前的一分钟你和我在一起,因为你我会记住这一分钟。从现在开始我们就是一分钟的朋友,这是事实,你改变不了,因为已经过去了。我明天会再来。"

这样幽默又创意的情话,相信没有几个人可以抵挡得了吧!反正苏丽珍没有,下面是她的内心独白:"我不知道他有没有因为我而记住那一分钟,但我一直都记住这个人。之后他真的每天都来,我们就从一分钟的朋友变成两分钟的朋友,不久之后,我们每天至少见一个小时。"

现实生活中也有这样的例子,有一个男孩就是用这种新颖的赞美方式,抓住了自己的"白雪公主",并娶其为妻。妻子幸福地诉说他们浪漫的爱情:

当我在一所大学里做兼职银行出纳员时,一个漂亮的小伙子几乎每天都要到我的窗口来。他不是存款就是取钱。直到他把一张纸条连同银行存折一起交给我时,我才明白他是为了我才这样做的。"亲爱的婕:我一直储蓄着这个想法,期望能得到利息。如果周五有空,你能把自己存在电影院里我旁边的那个座位上吗?我把你可能已另有约会的猜测记在账本上了。如果真是这样,我将取出我的要求,把它安排在星期六。不论贴现率如何,陪伴你始终是十分愉快的。我想你不会认为这要求太过分吧,以后再来同你核对。真诚的杰。"我无法抵制这诱人、新颖的求爱方式。

只要你肯扬长避短,在与对方的交往中,在言辞上花一些工夫,以幽默风趣的谈吐,制造出一种活泼宽松的交际氛围,不知不觉中,你就会获得对方的青睐。可以这么说,如果爱情中没有幽默和笑,那么爱还有什么意义呢?甚至有人说,爱就从幽默开始。

事实上,情书是用来表达内心的真挚情意的,能够让对方看了能满心欢喜或感动不已,所以必须写得深情款款,才能打动心弦、赢得芳心。情书也是一种极为强烈的"印象装饰"，因它企图通过优美的文辞和修饰过的语句，来抒发情感并打动对方的心。幽默的求爱、求婚方式，似乎更有魅力，更富于使人心动的浪漫情趣。下面是一则情书幽默：

有一位男青年在给女友的信中说："昨夜，我梦见自己向你求婚了，你怎么看呢？"

他的女友巧妙地回答："这只能表明你睡眠时比醒着时更有人情味。"

求爱时，写情书好比投石问路，试探对方对自己究竟有没有那种意思，如果过于庄重严肃，一旦遭到回绝，势必一时承受不了，并陷入痛苦之中。如果恰当地运用幽默的技巧，以豁达的气度对待恋爱问题，即使得不到爱，也不至于懊悔，同时也避免了自尊心受到创伤。

在恋爱方面，常常有人因为不知道如何求爱，或因方法不当，或因言语不得体，使对方产生误解，甚至厌恶反感，结果造成"不成情人成仇人"，把本应是美好的事情变成了一件非常糟糕的事情。

要想获得对方的好感，并进一步转化为爱情，首先要有一颗真诚的心和诚挚的情趣，更需要机智与幽默的表达。爱的表达是需要一些技巧的，需要花费一番心思，即考虑怎样获得对方的好感与信任，再考虑怎样将好感巧妙地转化为爱情，而不是一味地死缠硬磨，使人厌恶。制造好感是求爱的准备工作，运用新奇幽默的方式向对方求爱，则可以收到良好的效果。

时不时卖个关子

"卖关子",就是先故意提出一个使人容易产生迷惑或误会的结论,然后再做出一个出人意料的分析和解释,从而在交流过程起到比平铺直叙更起波澜的效果。用这样的方法对自己的恋人说话更容易得到对方的心,也更容易让对方爱上你。

有很多人不善于用言语表达出自己的爱,也正是因为这样,错过了自己喜欢的人。其实,恋人并不需要讲太多的甜言蜜语,只要懂得在关键时刻卖个关子,便可以抓住对方的心。

比如,当一位小伙子把皮夹忘在餐厅时,一位关系好的姑娘笑着对他说:"皮夹忘了没关系嘛。"小伙子问:"那忘了什么才有关系?"姑娘脸红红地说:"别把我忘了就好。"这样一说,两人的关系一定会更加亲密。

再比如,对即将结婚的女同事,你打趣地说:"你真是舍近求远啊!"女同事不解,"舍近求远?什么意思?""在本公司,像我这样的如意郎君,你竟然没有发现。"姑娘听到你这句玩笑,绝不会嫌你轻浮,反而会感激你的友谊和欣赏。

有一位姑娘问小伙子:"你有多爱我?"
小伙正经八百地回答:"一毛钱之多。"

姑娘不解:"只有这么一点吗?"

"一毛钱不就是'十分'吗?"小伙子这时才笑出声。

"你真坏!"姑娘也忍不住笑了起来,从此更加欣赏小伙了。

还有一个小伙子,天生胆小,虽然想与女朋友亲近,就是没有勇气取得实质性进展。一天晚上,他和女友在花园里相会,女友就想了一个鼓励他亲近自己的办法,她对小伙子说:"听人说,男人手臂的长度正好等于女子的腰围,你相信不?我去借一根绳子来量量。"

小伙子终于鼓足勇气:"不用了,我借给你手臂吧。"

在说说笑笑中,女友卖了一个关子,但小伙子早解风情,只是因为胆小,以前一直不敢拥抱女友,这次终于拥抱了心仪的女友。

心理专家认为,卖关子最容易引发笑声,而笑声正是爱的催化剂,男女约会时,双方若能放松心情交谈,时不时卖个关子,可使感情火速增长。因为激发爱的温柔的感触,在笑谈中最易生成。

在这个社会上,有不少年轻小伙子,相貌堂堂,举止文雅得体,也很有些特长能力,不乏"男子汉"风度,却屡屡情场失意,关键在于不懂卖关子,不善说笑,不会说笑。他们或者常寡言少语,或者饶舌不停,然而没有一句机智的话,让人开心。这样就使对方深感索然无味,话不投机。

相反,善于卖关子的人,谈情说爱却总能成功。

1949年，当接近不惑之年的罗纳德·里根结识了28岁的南希时，爱情之火在他心中燃起。他当时虽然面临电影事业的困境，但仍然侃侃而谈，谈笑风生，以充满激情的说说笑笑最终打开了南希的芳心。从此，每当里根谈话，南希总是欣赏地凝视他，全神贯注地倾听着他那富有趣味的妙语，爱情之藤，老而弥坚。

美国科学家富兰克林，1774年丧偶，1780年在巴黎居住时，向他的邻居——一位迷人而有教养的富孀——艾维斯太太求婚，情书中求婚的方式极为好笑。

富兰克林在情书中说：他见到了自己的太太和艾维斯太太的亡夫在阴间结了婚，于是他继续写道：

"我们来替自己报仇雪恨吧。"

这封情书后来被誉为文学的杰作、幽默的精品。

写情书，特别是第一封情书，不论你的感情沸腾到什么程度，最好不要直来直去说"我爱你"，这是拙劣的表示，即使不会引起对方的厌恶，至少也会被认为你缺乏修养。

一位姑娘说：她的男朋友给她的一封信中，只写了短短几句话："我中箭了，是丘比特的金箭，祈求你同样中箭，不是铜箭，而是金箭。"

神话中传说：被爱神丘比特的金箭同时射中的一对男女，便能缔结良缘。如果一方中了金箭，另一方中了铜箭，那中金箭的一方便只能是"单相思"。这小伙子正是巧妙地运用了神话，给姑娘以良好的"第一印象"。

在某航空俱乐部的一次集会上，一位漂亮的空中小姐身着晚会装，胸部半裸，颈上系着一个闪闪发光的金色小飞机垂饰。

　　一位青年空军军官，直瞪瞪地望着女孩子白皙、丰满的胸部，难为情地低下头。

　　这时，这位魅力诱人的女孩子，温柔沉静地向他说："啊，喜欢这个金飞机吗？"

　　空军军官只说了一句话，话声虽低但很清楚："小飞机非常漂亮，可更漂亮的是……"

　　漂亮的女孩子看了看垂饰。这时，空军军官最后鼓起勇气说："更漂亮的是机场……"

　　顿时，女孩子开心地笑了。

　　这句话使她感到意外。因为他并没有说："漂亮的是你的胸部。"而是暗示地说"更漂亮的是机场……"。就是这样卖个关子，终于使他们浪漫地相爱。

　　爱情的表达，本无定式，直率与含蓄，各有价值。但是，我们中国人（或东方人）都习惯以含蓄为宜，一是使得话语具有弹性，不至于由于对方一拒绝就不能挽回局面；二是符合恋爱时的羞怯心理；三是符合我国传统文化心理。所以，时不时卖个关子，更适合在恋爱生活中表达爱的情感，使人在欢笑中体会到彼此的爱。

学会欣赏对方

夫妻之间，最终的追求莫过于"执子之手，与子偕老"。可是，在当今社会里，男女交际越来越频繁，在红尘喧嚣、灯红酒绿的诱惑下，精神出轨和夫妻感情亮红灯的情况也越来越多。究其原因，其主要是夫妻间交流出现了问题。夫妻间在琐碎的天长日久生活中，只有相互包容、信任、鼓励、交流和欣赏，才会有积极健康的心态和良好的生活质量，也才会使夫妻感情日益浓郁。反之，就会导致日久生厌，甚至出现感情障碍。

有人说，婚姻是爱情的坟墓，这是因为结婚以后，夫妻之间除了爱情之外，还必须面对许多纷繁复杂的事情，难免产生意见分歧。这就意味着夫妻双方都肩负一项艰巨使命：维系情感，强化情感，要及时解决情感中出现的矛盾及化解可能出现的危机，不然就可能出现问题。

怎样维系和强化情感？最重要的一条就是要相互欣赏。没有欣赏，爱情必定会在日复一日的烦琐日子里渐渐褪色。

有个女子向法院提出离婚要求，理由是："他不如以前爱我了。"证据是他们之间从相识、恋爱、结婚直到婚后的十封信件。

"初次相识时,他称我为'亲爱的';恋爱时他称我为'最亲爱的';热恋时他叫我'最最亲爱的';可结婚后他便对我直呼其名了。"

不论这位女子的观点是否偏激,总之意味着这对夫妻维系情感方面出了问题。所以,在家庭的日常生活中,特别是双方有了不同意见之后,用柔情的暗示而不是用无理性的指责,尤其应当学会以欣赏的方式交流意见。夫妻之间那种为了鸡毛蒜皮的小事大动肝火,同室挥戈的现象,实在是对爱情的一种犯罪,因为他们自己动手把爱情埋进了坟墓!

请看下面几段话:

在结婚宴席上,人们一定要新郎回答为什么爱上了新娘。他说:"我不知道。当初我只是爱上了她的酒窝,因为我贪杯;可我现在要同她整个人结婚。"这样的回答,幽默是幽默了,可是,明显有些不和谐,在婚后生活中,如果不处理好关系,可能这段幽默就会成为破裂的开始。

结婚喜宴尚且如此,婚后生活中肯定会发现对方的某些不足之处,例如,妻子劝说爱打桥牌的丈夫:"你不要再这样打牌了,熬夜对身体的害处实在太大!"

丈夫说:"打桥牌实在是一种健康的游戏,因为要通宵地打,如果身体不健康,哪能做到呢?"虽有幽默感,却对妻子的关爱毫无欣赏之意,长此以往,我行我素,能不产生隔阂吗?

除了对方的不足之处以外,更麻烦的是双方意见不合:

一对夫妻看着刚贴好的壁纸,丈夫不太满意,而妻子却无所谓。因此,丈夫很恼火,对妻子说:"咱们的分歧,就在于我是个要求完美的人，而你却不是。"

"说得对极了。这就是为什么你娶了我，而我嫁给你。"妻子的话虽然出了一口气，但如果老是针尖对麦芒，不仅夫妻关系不融洽，而且也埋下了不和谐的种子。

夫妻双方意见不合是常有的事，甚至吵架也是不可避免的，关键是要时时懂得相互欣赏，才不至于同床异梦。有人说，夫妻间最重要的不是物质享受，而是精神享受，互相欣赏。也有人说过，爱情像一笔存款，相互欣赏是收入，相互摩擦是支出，互相忍让是节约开支。这样的比喻是十分形象贴切的。

英国前首相撒切尔夫人，号称"铁娘子"，她在担任英国首相期间，事业正处巅峰期，真可以说是忙得团团转。但是她非常注意处理好事业和家庭的关系，在外是精明强干的首相，居家则是一位难得的贤妻良母，做到了事业和家庭两不误。可是一般有事业心的人都有体会：事业和爱情有时二者不可兼得，扑进事业里，有意无意就忽视了"那一位"。

英国女王维多利亚，虽然与丈夫阿尔伯特相亲相爱，但由于身为一国之君，忙于政务；而阿尔伯特不太关心政治，对社交缺乏兴趣。因此，有时也难免闹别扭。一天，女王办完公事，深夜回到卧房，见房门紧闭，她就敲起门来。

房内阿尔伯特问："谁？"

门外女王回答："我是女王。"

门没有开，女王再敲，阿尔伯特又问："谁？"

门外女王回答："维多利亚。"

第五章　美满的婚姻离不开嘴上经营

门还是没有开，女王徘徊半晌，再敲，阿尔伯特还是问："谁？"

门外女王回答："你的妻子。"这时，门开了，丈夫双手把她接了进去。

不难发现，阿尔伯特还是很欣赏女王的，否则他不会使用这种极为委婉的方法，表示对女王深夜晚归的不满。而不少夫妻，面对一方沉湎于工作的情形，是以责备和争吵的方式解决问题，加剧矛盾。看过电视剧《DA师》的朋友可能还记得，参谋长赵柞明和妻子之间闹离婚，贯穿了整个剧情，这不能不说是现代生活的某种缩影。

由此可见，欣赏是人生中一道绝美的风景，只要你懂得欣赏，生活中就会充满阳光，人生处处皆风景，只要心中有风景，只要眼中有风景，你就会被夫妻间最平凡、最普通的风景震撼、感动；花开花落，云卷云舒，只要你珍惜拥有，珍惜现在和懂得欣赏，人生中就会充满雨露，处处都是迷人的风景线，只要你细细地品味，深深地欣赏，你就会闻到夫妻间从未有过的幸福快乐甜蜜的味道……

如何为爱情添一把盐

生命是一朵花,爱情是花的蜜,而说说笑笑则是采花酿蜜的蜜蜂。

爱是男女之间的感情交会。男人和女人是这个世界上最奇妙的存在。怪不得英国著名小说家夏洛蒂·勃朗特说:"男人是太阳,女人是月亮。太阳和月亮的光融合在一起,就会组成一个美妙的世界。"

但劳伦斯也说过一句话,徜徉在爱情这个美妙世界里的人有必要记住:"世俗生活最有价值的就是幽默感。作为世俗生活的一部分,爱情生活也需要幽默感。过分的激情或过度的严肃都是错误的,两者都不能持久。"这就是说,如果夫妻两人之间缺少说说笑笑的快乐,这样的婚姻或家庭是不会幸福的。

如果爱情乏了味,我们就得给爱情加把盐。学会开开心心地说说笑笑,就是那把能调出美味的盐。

如何为爱情添一把盐?我们首先要明白,大多数情况下,女人往往是家庭的统治者,即使她没有在事实上统治家庭,那也要在外表上看起来是这样,以满足她们的统治欲和虚荣心。哪怕是伟人的夫人也不例外。

请看:

一次宴会上，林肯和他的夫人面对面坐着。林肯的一只手在桌上来回移动，两个手指头向着他夫人的方向弯曲。

　　旁人对此十分好奇，就问林肯夫人："您丈夫为何这样若有所思地看着您？他弯曲的手指来回移动，又是什么意思呢？"

　　"那很明显，"林肯夫人答道，"离家前我俩发生了小小的争吵，现在他正在向我承认那是他的过错，那两个弯曲的手指表示他正跪着双膝向我道歉呢。"

还有一则故事：

　　彼得在当匹兹堡市市长的时候，一天，他和妻子兰茜去视察一处建筑工地，一个建筑工人冲着他们叫起来："兰茜，你还记得我吗？读高中的时候，我们常常约会呢！"

　　事后，彼得嘲弄地说："嫁给我算你运气好，你本来该是建筑工人的老婆，而不是市长夫人。"

　　兰茜反唇相讥道："你应该庆幸跟我结了婚，要不然，匹兹堡市的市长就是他了。"

女人即使不能统治家庭，也特别关注自己在丈夫心目中的地位，用各种语言来表达"你爱我吗"的试探，却常常遇到男人机智而幽默的回答。

妻子:"我和你结婚,你猜有几个男人在失望呢?"
丈夫:"大概只有我一个人罢?"

在现实生活中,怕老婆对男人来说是件不光彩的事,常常被朋友或同事视作笑料。而在社交中有些人却能巧妙地调侃自己,树立自己可爱的形象。因此,"怕老婆"这一主题常能演绎出许多笑话。

某新婚夫妇,洞房内贴有家规,上面写着:第一条:太太永远是对的。第二条:如果太太错了,请参阅第一条。

又如下面这段夫妻对话:

妻子:"你在外面很少喝酒,为何在家里拼命地喝呢?"
丈夫:"我听说酒能壮胆。"

而且,能说会笑的人也不怕在众人面前表现自己"怕老婆"。我们来看下面二人的对话:

比尔:"在公司里你干什么事?"
赫德:"在公司里我是头。"
比尔:"这我相信,但在家里呢?"
赫德:"我当然也是头。"

比尔："那你的夫人呢？"

赫德："她是脖子。"

比尔："那是为什么呢？"

赫德："因为头想转动的话，得听从脖子。"

如此妙答，当然引得人们捧腹大笑，也间接地暗示了他对婚姻十分满意，如果他的夫人真的如传闻的那样，他也许自我调侃不起来。所以，人的精神状态的好坏对说说笑笑是相当重要的。

男人喝酒，常常会受到妻子的责骂，如果能巧妙地运用说笑的方法，也能很好地解脱。

一个酒徒在外面喝多了酒，很晚才回到家。他又忘记了带钥匙，于是只好敲门。

妻子怒气冲冲地打开门说道："对不起，我丈夫不在家。"

"那好，我明天再来。"酒徒说完，装出转身要走的样子。

丈夫的一句说笑，终于使妻子转怒为笑，丈夫通过开玩笑，诱发妻子内心深处对丈夫的怜爱和尊重。这时夫妻二人都不会去扯住喝酒的事不放，而去享受两人之间的情趣。

做家务事，也是家庭生活中必不可少的，而许多做丈夫的却是大男子主义，把家务全推到妻子身上，似乎妻子天生愿意做和应该做。其实哪个妻子心甘情愿长期做这单调劳累的家务呢？所以，有心思的妻子应把家务活给丈夫分一点，用自己的智慧往往能使丈夫心服口服地去做，心甘情愿地去做，并且是高高兴兴地去做。

请看这位妻子是如何运用说笑让丈夫去做家务的：

妻子："亲爱的，你能把昨天晚上换下来的衣服洗一下吗？"

丈夫："不，我还没睡醒呢！"

妻子："我只不过是考验你一下，其实衣服都已经洗好了。"

丈夫："我也只是和你开玩笑，其实我很愿意帮你洗衣服的。"

妻子："我也是在和你开玩笑，既然你愿意，那就请你快去干吧！"

丈夫此时不得不佩服和欣赏妻子的情趣，高兴地去干不愿干的家务。

当然，如果妻子已把衣服洗了，丈夫受到感动，往后会主动帮妻子做家务，这样家务事带来的就不是烦恼，而是一种家庭快乐了。

难怪有人说："没有说说笑笑的家庭就像一个旅店。"这话固然过于偏激，但也道出了夫妻间会说话对于家庭的重要性。且来看下面的例子：

约翰实在无法忍受妻子无休止的唠叨，打算去外面旅店住几天。旅店老板热情地接待了他，并且亲自把他引到了一间房门前。

"先生,您住在这里会发现跟到了家一样。"

"天啦,你赶快给我换间房吧!"

这则故事说明,没有说说笑笑的家庭甚至还不如一家旅店。

在家庭中,如果夫妻两个交流方式都一本正经,会产生一种冷漠感,久而久之,两人心理都承受不了。所以,要积极寻找话题,力图笑起来。

如果在家庭生活中碰到什么尴尬的事情,也不妨在笑声中将其轻轻化解。

有一天,怀孕的妻子指着自己的肚子,向丈夫提出一个伤脑筋的问题:"能不能在小孩一出生就看出,孩子长大后会成为什么样子?"

丈夫想了想答道:"这很简单。如果是个小姑娘,长大一定是个妇女;如果是个小男孩,长大就是个男人。"

真正要回答妻子的提问,对一般人来说是比较难的,如自作聪明答得不好,又会引起二人心中不快。这里丈夫把妻子本来问的意思转移到男女性别问题上,化成一个非常容易回答的问题,顿时妙趣横生。

而且,在一起生活的夫妻俩,要有一定的肚量,这样才有说笑话的兴趣;如果顶着个花岗岩头脑,你说得再好笑也是白费劲。说笑是要有环境和必要的条件的,条件成熟了,即使是没有文化修养的人,也会变得能说会笑。

切忌絮絮叨叨

有人说,男人的婚姻生活能不能幸福,关键就在于他太太的脾气和性情。就算一个女人拥有全天下的所有美德,然而,如果她脾气暴躁,一点小事就喜欢唠叨不休,喜欢挑剔和个性孤僻,那么她所有的其他美德就全都等于零,甚至变成负数了。

社会上有许多男人失去冲劲,而且放弃了奋斗的机会,是因为他太太总是对他的每一个希望和心愿猛泼冷水,她永无休止地挑剔,不停地想要知道为什么丈夫不能像她所认识的某个男人那样有许多的钱,或者是她的丈夫为什么写不出一本畅销书,或谋不到某一个好职位。像这样的太太,只会使丈夫丧气。唠叨和挑剔带给家庭的不幸,甚至比奢侈和浪费还要厉害。

美国有一位著名的心理学家,他对一千五百多对夫妇进行了详细的调查研究。结果显示,丈夫们都把唠叨、挑剔列为他们太太最大的缺点。盖洛普民意测验也得出了相同的结论:男人们都把唠叨、挑剔列为女性缺点的第一位。测验中也发现没有其他的个性会像唠叨和挑剔那样,给家庭生活带来这么大的伤害。

然而,似乎从远古的穴居时代开始,太太们就想尽办法以唠叨和挑剔的方式来影响自己的丈夫。传说,苏格拉底大部分时间都躲在雅典的树下思考哲理,以这种方式来逃避他那脾气暴躁的太太兰西勒。连法国皇帝拿破仑三世和美国总统亚伯拉罕·林肯这样杰出的大人物，也都受尽了妻子唠叨的痛苦。

自古以来，女人总是想用唠叨的方式来改变自己的丈夫。但是从古至今，这种方法从没有起过作用，一次成功的例子都找不到。因此，卡耐基才这样说：在地狱中，魔鬼为了破坏爱情而发明的总能成功的恶毒办法中，抱怨和唠叨是最厉害的了。它永远不会失败，就像眼镜蛇咬人一样，总是具有破坏性，总是置人于死地。

所以说，在夫妇生活中，应当特别警惕一些对夫妇关系破坏性最大的因素——抱怨和唠叨。事实上，不少男人离开家庭的原因之一就是因为太太唠叨不停。她们不停地唠叨，其实是在自掘婚姻的坟墓。

社会学家分析说，女人唠叨时尽管有理由，但结果往往是"唠叨"本身破坏了女人一切的合理性，女人由此处于被动甚至更糟糕的境地。破坏女人神秘感的往往是女人的唠叨，而男人最忍受不了的就是女人的唠叨。对于女人的唠叨，如果男人知道错了，你的提醒会让他有一点羞愧，但你再多说一点，会让他们恼羞成怒，他会记不得你唠叨的原因，而你的唠叨反而成为他犯错的依据。生活会教育人的，你不说话不代表你没有话，此处无声胜有声，说的就是这个理。

世界大文豪托尔斯泰的夫人也认识到自己唠叨的极大危害——可是太晚了一点，在她逝世之前，她曾向几个女儿们承认道：是我害死了你们的父亲。她的女儿们也知道她的母亲说得没错，她们知道是母亲以不断的埋怨、永远没完的批评和永远没完的抱怨和唠叨，把父亲害死的。

按常理来说，托尔斯泰伯爵和夫人应该是很幸福的一对。两本巨著《战争与和平》和《安娜·卡列尼娜》奠定了托尔斯泰在世界文学上的地位。但是，托尔斯泰的一生却是一场悲剧，而之所以成为悲剧，原因在于他的婚姻。比如，他的夫人喜爱华丽的事物，但他却看不惯。她热爱名声和社会赞誉，但这些虚浮的事物，对他来说却毫无意义。还有，她渴望金钱财富，但他认为财富和私人财产是罪恶的事。

许多年以来，由于托尔斯泰坚持把著作的版权一分不要地送给别人，她就一直唠叨着、责骂着、哭闹着。她不顾丈夫的反对，执意要拿回那些书所能赚到的钱。当丈夫不理会她的时候，她就歇斯底里起来，在地上打滚，手上拿着一瓶鸦片，发誓要自杀，以及威胁他说要跳井。

直到托尔斯泰82岁那年，他再也不能忍受家里那种鸡飞狗跳的氛围了，于是在一个下着大雪的夜里，逃离了他的夫人，漫无目的地四处流浪。11天以后，他因肺炎死在一个火车站里。他临死前提过一个要求，据说这个要求是不许他的妻子来到他的身边。

这就是托尔斯泰伯爵夫人唠叨、抱怨和歇斯底里所得到的结果，真是可悲之极。可见，如果你要维护家庭生活的幸福快乐，保持美满婚姻，就必须要远离抱怨和唠叨。如果不想毁掉婚姻，请避免唠叨。

第六章
别"踩"批评的"雷区"

俗话说，人要脸，树要皮。这世界上大概没有人不要面子的，爱面子是人的天性。所以，一个人在批评他人的时候，要懂得批评的技巧，这样能和谐人际关系，消除不必要的误会。良药不一定就是苦口的，真正对人有益的话也可以包上一层糖衣。如果你说话火爆，只知直来直去，无视他人面子，漠视他人感受，你的前途就会障碍重重，你又怎么能会说话呢？

忠言逆耳，点到为止

古人说得好："良药苦口利于病，忠言逆耳利于行。"批评自己的人，一般是真心对待自己，希望自己能改正缺点，朝着好的方面发展，对被批评者可谓是一片忠诚。但是，忠言毕竟难以入耳，让人不容易接受。所以，当你要为他人献上忠告或给予批评、指责的同时，必须用好自己的脑，管好自己的嘴，说的话既要切中要害，又不能一下点破，遵守话说三分、点到为止的原则，这样别人对你的"忠言"才能听入耳、记在心。

如果不讲究方法，有些忠告一说出来，有时还可能引起他人的误会，达不到自己预期的效果。遇到这种情况发生时，不妨话说三分，点到为止，像这种似有似无的忠告或指责，往往比直来直去的效果要好得多。

历史上这类事例和教训很多，比如商朝末年的纣王，昏庸无道，比干丞相为了江山社稷，多次向纣王进谏，纣王不但没有将他的进谏听入耳、记于心，反而将其剖心处死。因此，我们在社会上打拼，目的是事业的成功和生活的幸福，这些教训不能不吸取。你只要细心观察，在我们周围总有一些人，嫉妒别人的能力比自己高，才学比自己渊博，遇到这样的人，如果你依然直接向他进献忠言，结果只有一个，那就是不欢而散。

那么，我们要怎样才能把忠言说到他人心坎里呢？

1. 我们的忠言要体现出"忠"

忠言首先应该是对他人诚心诚意的关怀。当你对某人提出批评时，如果对方发现你并不是为了关心他才批评他，而是出于你个人的某种意图，他马上会站到与你敌对的立场上。因而对人提出忠言的时候，应该抱着体谅的心情。诚然他在某些方面可能做得不对，但是他可能有难言的苦衷。所以，我们说忠言的同时，还要体谅他的难处，不要一味地强求或大加责难。必要的时候要深入他的内心，帮助他彻底地解决"心病"。

2. 我们的忠言要从实际出发

忠言要想获得他人承认，必须对真实情况有一定的了解，不要捕风捉影。只有了解了事实，你才能清楚地判断提出忠告是否真的有必要，提出忠告的角度怎么选择，忠告以后会有怎样的效果。倘若你是公司的一名职员，对公司的计划背景等缺乏了解时，就对其提出自己的看法，那么你不可能获得上司的信赖。相反，上司还会认为你思考问题不够周到。所以说，不了解他人的意图，就对他人的行为妄加非议，他人会认为你没有诚心，缺乏责任感。尤其是，你如果仅凭借听到的小道消息忠告别人，则极容易引起误解。

3. 献忠言要选择措辞

掌握了事实真相和对方的心理后，这时就该拿出勇气来进献忠言，指出他应该改善的错处。当然，一定要注意你的措辞，否则就容易得罪人。如果你是一名管理者,就不应用这种口气对下属说话:"像你这样的年轻人太自以为是""你这样说太可笑了……"作为一名领导,诸如此类的措辞永远都是不合适的。

4. 献忠言要注意场合

忠言不是随便什么地点都能说的,特别要注意,提出忠告,切忌在大庭广众之下。因为提出忠告的时候可能会涉及他的短处,触动他的伤疤,而每个人都有自尊心,被当众揭短时,很容易下不了台,从而很容易产生抵触情绪。在这种情况下,即使你是善意的,他也会认为你是故意让他在大庭广众之下出洋相,如此一来,你真的做了一件费力不讨好的事。

5. 献忠言要把握时机

张口就要忠告他人的人,是一个没有脑子的人。想在这个社会上混,这些说话的细枝末节都要注意。比如在当事人感情冲动的时候,切忌不要提出忠告。因为在他冲动的时候,理智起不到半点作用,他也判断不清你的用意。这时提出忠告,不仅不能解决问题,反而是火上浇油。

6. 忠言必须简洁而突出重点

我们向他人提出忠告的时候,一定要注意简洁中肯,按照"一时一事"的原则。若是再回溯起对方过去的缺失,并予以责备,当然会引起对方的反感。所以要掌握重点,不要随便提及其他的与之无关的事情,这是敬献忠言时很重要的一个方法。

7. 忠言要给对方留有回旋的余地

我们向他人提出忠告时，不能把话说得太死，也不能把对方的思路堵死，切勿将他批评得一无是处。有些事，有些话，该隐藏的还是要隐藏，否则很容易引起对方的逆反心理，形成破罐破摔的局势，最终导致你的忠告不仅无效，反而被别人误会你存心不良。这就是说，你在提忠告时要有一些说话的技巧，在含蓄的指责同时，不妨加些赞美，比如："你平时工作很努力，表现得也很积极，唯一的一点小毛病就是欠缺那么一点稳重，如果做事前再谨慎些，前途就更明亮了。"用这种口气跟他说话，对方感受到的不是批评而是鼓励，肯定非常愿意接受你的忠告。

可见，忠告他人不是一件容易的事，在我们为别人提出忠告时，同样的一个忠告，不同的提法可能会为你赢得尊敬，也有可能惹来不必要的麻烦。真正会说话的人，总是在指责他人的时候留一手，不直接点明，用含沙射影来代替直截了当；总是能把话说三分、点到为止运用得恰到好处，因为这样才能给他人留有余地。

让批评伴随着祝福

与周围的人保持和气与友爱,最大的原则是不要批评,尽量少批评或委婉批评。

美国俄克拉荷马州恩尼德市的江士顿,是一家工程公司的安全协调员。他的职责之一是监督在工地工作的员工戴上安全帽。他说他一碰到没有戴安全帽的人,就官腔官调地告诉他们,要他们必须遵守公司的规定。员工虽然接受了他的纠正,却满肚子的不高兴,而常常在他离开以后,又把安全帽拿了下来。

他决定采取另一种方式。当他再次发现有人不戴安全帽的时候,他就问他们是不是安全帽戴起来不舒服,或者有什么不适合的地方。然后他以令人愉快的声调提醒他们,戴安全帽的目的是在保护他们不受到伤害,建议他们工作的时候一定要戴安全帽。结果遵守规定戴安全帽的人愈来愈多,而且他们不会产生愤恨情绪。

同样是提醒工人戴安全帽,由于他后来采取了平等和气的方式,收到的效果大不一样。为什么会出现这种情况?因为后一种方式里少了一些批评的意味，而多了一些祝福的味道。

众所周知，林肯是世界上最伟大的成功者之一，但一般人有所不知，他后来的成功很大一部分在于他深切地汲取了恣意批评别人和得罪别人的教训。那时，他还很年轻，在印第安纳州的鸽溪谷，他不仅批评别人，还写信作诗揶揄别人，把那些信件丢在一条会被人发现的路上。其中有一封信所引起他人的反感，持续了一辈子。

> 林肯在伊州春田镇执行律师业务的时候，甚至投书给报社，公开攻击他的对手。1842年秋天，他取笑了一位自负而好斗名叫詹姆斯·史尔兹的爱尔兰人。林肯在春田时报刊登出了一封未署名的信，讥讽他一番，令镇上的人都捧腹大笑起来。史尔兹是个敏感而骄傲的人，气得怒火中烧。他查出写那封信的人是谁，跳上马去找林肯，跟他提出决斗。林肯不想跟他决斗。他反对决斗，但是为了颜面又不得不决斗。对方给他选择武器的自由。因为他的双臂很长，他就选择骑兵的长剑，并跟一名西点军校的毕业生学习舞剑。决斗的那一天，他和史尔兹在密西西比河的沙滩碰头，准备决斗至死为止；幸亏，在最后的一分钟，他们的助手阻止了这场决斗。

这是林肯一生中最恐怖的私人事件。在做人的艺术方面，他学到了无价的一课。他从此再没有写过一封侮辱他人的信件，也不再取笑任何人了。从那时候起，他几乎没有为任何事批评过任何人。

南北战争的时候，一次又一次，林肯任命新的将军统御波多麦之军，而每一个将军——麦克里蓝、波普、伯恩基、胡克尔、格兰特……相继惨败，使得林肯只能失望地踱步。全国有一半的人，都在痛骂那些差劲的将军们，但林肯因为"不对别人批评，只对大家祝福"，一声也不吭。他喜欢引用的句子之一是"不要评议别人，别人才不会评议你。"

当林肯太太和其他人对南方人士有所非议的时候，林肯回答说："不要批评他们；如果我们在同样情况之下，也会跟他们一样。"

把自己的肩头尽量跟别人摆齐，不故作姿态，不自以为是，不站在别人的肩头评足品头，说三道四和指手画脚，始终保持与对方平等的姿态说话和办事，才不至于伤及别人的面子和自尊心，才有可能与别人保持友好关系，赢得好人脉，才能做好自己的工作和事业。

让批评多一点风趣

在社会交往中,有时要批评他人,却又不能直来直去,怎么办?不妨风趣一点,即在批评时来一点幽默,进行幽默式批评,这种批评他人的方式,可能会起到更好的作用。

"幽默"式批评,是一种巧妙的批评方法,它是在批评过程中,使用含有哲理的故事、双关语、形象的比喻等,缓解批评的紧张情绪,启发批评者思考,增进相互间的感情交流,使批评能有一个轻松愉快的气氛。

幽默式批评重在于启发、调动被批评对象积极思考,它以幽默的方式点到批评对象的要害之处,含而不露,令人回味无穷。

某校有个男孩子,家庭很不幸,父亲车祸身亡,母亲再婚,剩下他与年迈的爷爷奶奶生活。爷爷奶奶管不了他的学习,加上他自己自制能力差,作业经常做不好,反正无论怎样严厉的批评对他来说也是不痛不痒。

又有一次,他没有完成作业。下课后,班主任把他带到办公室,对他说:"你怎么又没有完成作业?"他低着头不吭声。班主任接着又说:"你是不是怕老师作业判多了累着呀?如果是那样的话,你真是个爱老师的好孩子。"

这个男孩子听了班主任的话，先是有点莫名其妙，然后，他听出了老师的意思，便不好意思地对老师说："老师，你别说了。我明白你的意思了，我以后会完成作业的。"

从此以后，他完不成作业的情况大为好转，学习自觉性和积极性明显提高了。

从这件事中，我们可以知道，每个人都有每个人的个性，无论是老师批评学生还是单位领导批评员工，都要针对被批评者的不同个性，有的放矢对其进行批评，俗话说得好"一把钥匙开一把锁"，只有这样才会取得意想不到的效果。

幽默式批评这一方法，学校教师运用得最多。教师对待调皮、不听话的学生，恰如其分地运用幽默风趣的批评方式，可以消除学生的逆反心理，沟通师生之间的感情，收到事半功倍的效果。我们即使不是做教师工作，同样也能有所启发。

有一个学生上午第一节上课迟到，教师笑着问他："今天早晨，你们那里的太阳比我们这儿升得晚些吧？"

有一学生自习课讲话，影响他人学习，教师来到他身边，叫他查查"缄默"的词义。

学生课间说粗话脏话，教师拿出餐巾纸叫他擦擦不干净的部位。

下课后，学生在教室里吵得灰尘漫天，教师进入教室对着同学说："抗战早就胜利，怎么还硝烟弥漫？"……

这些充满风趣的批评，在顾及学生自尊心的前提下，比简单粗暴的训斥，效果来得好。

由此及彼，我们可以从中领悟到，在这个社会上，我们谁都难免有做错事的时候，当有人做错事时，如果以严厉的语言、严肃的面孔去回击，批评就如同冰刀霜剑。此时，我们不妨巧用幽默化庄为谐，变雷霆万钧式的说教为和风细雨般的调侃，更能达到"润物细无声"的目的。

让批评多一点风趣，切忌硬对硬，大发脾气，有时候善于避实就虚，将错就错，用调侃式的话语借题发挥，不仅维护了自己的尊严，而且对那些喜欢搞恶作剧的人也是一种无声的回击，从而巧妙地化干戈为玉帛。

现代社会，各种压力接踵而至，竞争加剧，人际关系复杂，个人在社会化的影响下更显得弱小无力，许多人都在感慨：活得真累啊！毫无疑问，如何做人是一门精深的学问，细细想一想，保持平和的心态，凡事不要太较真，特别是面对上级或他人对你的错误批评时更不要较真。

南怀瑾先生所谓"有些地方马虎一点"，实际上是说，处世不要过于较真。过于较真的人往往也过于固执、做事太死板，容易走进"死胡同"。因此，人不要一条道路走到黑，一个死理认到底。天下没有过不去的河，也没有解决不了的问题，关键是要懂得"转弯"。自己拥有的并不一定是真理，他人持不同意见时，也可能是对的，或可能有部分道理。

做人固然不能玩世不恭，游戏人生，但也不能太较真，认死理。太认真了，就会对什么都看不惯，连一个朋友都容不下，把自己同社会隔绝开。镜子很平，但在高倍放大镜下，就成了凹凸不平的山峦；肉眼看着很干净的东西，拿到显微镜下，满目都是细菌。试想，如果我们"戴"着放大镜、显微镜生活，恐怕连饭都不敢吃了。再用放大镜去看别人的毛病，恐怕许多人都会被看成罪不可恕、无可救药的了。

做人做事如此，说话又何尝不是如此？

古语说："水至清则无鱼，人至察则无徒。"孟浩然、辛弃疾、苏东坡等大文豪若不是太较真儿，肯定会借力上青云，实现自己一生的胸襟和抱负，就不会仕途不济，英雄无用武之地；郑板桥"难得糊涂"不失为一种藏巧露拙的自我保护；曾国藩韬光养晦，励精图治终成了一代名臣。清宰相张英的"千里家书只为墙，再让三尺又何妨？万里长城今犹在，不见当年秦始皇。"巧妙地化解了邻里矛盾。

但是，如果要求一个人真正做到面对批评不较真，也不是简单的事，首先需要有良好的修养、善解人意的思维方法，并且需要经常从对方的角度出发，设身处地地考虑和处理问题，多一些体谅和理解，就会多一些宽容，多一些和气，多一些友谊。

有位职员回家后到一个小店买酱油，因自己给错了钱被店主说了几句，于是总抱怨这小店卖酱油的售货员态度不好，像谁欠了她巨款似的。后来该职员的妻子打听到了女售货员的身世，原来她丈夫有外遇离了婚，老母亲瘫痪在床，上小学的女儿患哮喘病，每月只能开四五百元工资，一家人住在一间15平方米的平房。难怪她一天到晚愁眉不展。这位职员从此再不计较她的态度了，甚至还建议大家都帮她一把，为她做些力所能及的事。

由此可见，在公共场所遇到不顺心的事，实在不值得生气。有时素不相识的人冒犯你，肯定是另有原因，不知哪些烦心事使他此时情绪恶劣，行为失控，正巧被你赶上了，只要不是恶语伤人、侮辱人格，我们就应宽大为怀，以柔克刚，晓之以理。

总之，没有必要与这位原本与你无仇无怨的人瞪着眼睛较劲，假如较起真来，大动肝火，枪对枪、刀对刀地干起来，再酿出个什么严重后果，那就太划不来了。与萍水相逢的陌路人较真，实在不是聪明人做的事，假如对方没有文化，与其较真就等于把自己降低到对方的水平很丢面子。另外，从某种意义上说，对方的触犯是发泄和转嫁他心中的痛苦，虽说我们没有义务分摊他的痛苦，但确实可以用你的宽容去帮助他，使你无形之中做了件善事。这样一想，也就会容忍他了。

清官难断家务事，在家里更不要较真，否则你就愚不可及。如果老婆批评你几句，即使她批评错了，也不要去较真。都是一家人，何必要用"异己分子"的眼光看问题？分出个对和错来，又有什么意思呢？人们在单位、在社会上充当着各种各样的角色，一回到家里，脱去西装革履，也就是脱掉了你所扮演的这一角色的"行头"，即社会对这一角色的规范和要求，还原了你的本来面目，使你可以轻松愉悦地享受天伦之乐。假若你在家里还跟在社会上一样认真、一样循规蹈矩，每说一句话、做一件事还要考虑对错、妥否，顾忌影响、后果，掂量再三，那不仅可笑，也太累了。

我们的头脑一定要清楚，在家里你就是丈夫、就是妻子、是母亲。所以，处理家庭琐事要采取"绥靖"政策，安抚为主，不妨和和稀泥，当个笑口常开的和事佬。具体说来，做丈夫的要宽厚，在钱物方面睁一只眼，闭一只眼，越马马虎虎越得人心。妻子对娘家偏点心眼，是人之常情，你根本就别往心里去计较。妻子对丈夫的懒惰等种种难以容忍的毛病，也应采取宽容的态度，切忌唠叨起来没完，也不要在丈夫偶尔回来晚了或女士来电话时，就给脸色看。管得越紧，丈夫的逆反心理越强。家庭是避风的港湾，应该是温馨和谐的，如果不想把它演变成充满火药味的战场，关键就看你怎么去把握了。

　　有位智者说，如果大街上有人骂他，他连头都不会回，因为他根本不想知道骂他的人是谁。人生如此短暂和宝贵，要做的事情太多，何必为这种令人不愉快的事情浪费时间呢？这位先生的确修炼得颇有城府了，知道该干什么不该干什么；知道什么事情应该认真，什么事情可以不屑一顾。要真正做到这一点是很不容易的，需要经过长期的磨炼。如果我们明确了哪些事情可以认真做，哪些可以敷衍了事，我们就能腾出更多的时间和精力，全力以赴认真地去做该做的事，这样我们成功的机会和希望就会大大增加。

　　当然，不较真儿，也不是一味地姑息迁就，丧失原则。而是要巧妙转换，注意方法，讲究策略，以柔克刚，在不经意间抓住有利时机，达到双赢。

批评他人切忌没完没了

如果说说话是一门学问、一门艺术的话,那么批评就是学问之上的学问、艺术之中的艺术。我们在生活中都有这样的体会,即有的人会说话,即使是对他人不利的话也会让人听着受用;有的人不会说话,即便是表扬别人,别人也会听着难受,甚至反感。尤其是批评他人时,由于往往涉及他人的缺点或不足之处,因此,批评的方式恰当与否就显得更加重要。

这就是说,如果我们在批评别人时不注意方法,狠狠地将对方批得体无完肤,那么,对方很可能就会"明知道自己错了,可就是不想改正"。

比如,某公司的一位员工迟到了,上司这样批评他:"你为什么迟到了?你知道迟到的后果吗?你知道迟到的严重性吗?你知道迟到对公司造成的极大影响吗?公司并不只有你一个人,想什么时候来就什么时候来,你这种行为根本就是无视公司的规定,你该好好反省反省了!你先写一个书面反省交给我,还要到大会上当众检讨……"

其实,与其这样没完没了地批评,倒不如抓住对方的"心"点到为止:"我想你肯定也知道迟到是不对的,如果你能坚持这样正确的看法,相信很快你就能发现员工准时上班的乐趣。"这样的说法，相信员工更愿意接受。

实际上，如果对方犯的不是原则性错误，我们就没必要没完没了地批评。我们或者不指名道姓，用温和的语言，只点明问题；或者是用某些事物对比、影射，也就是平常所说的"点到为止"，从而起到一定的警示作用即可。

批评的话最好不超过三四句。会做工作的人，在对人批评教育时，总是三言两语见好就收，不忘给对方留下一定的余地；然而有些人就不是这样，他们总是不肯善罢甘休，非要将对方批评得体无完肤不可，结果是过犹不及，往往将事情推到了反面。

在战国时期，齐景公的一匹心爱的马突然死去，齐景公非常伤心，一定要杀掉马夫，以解心头之恨。众位大臣一起劝阻齐景公不可为一匹马而滥动刑罚，而齐景公已铁定了心，说什么也不听劝告。

这时，国相晏婴走了出来，众臣都以为晏婴也有劝诫齐景公的意思，谁也没有料到，晏婴却明确地表态说："这个可恶的马夫，该杀！"

齐景公十分高兴，就把那个心含冤屈的马夫喊来，听晏婴解释他的罪过。晏婴历数马夫的三大罪状："你不认真饲马，让马突然死去，这是第一条死罪；你让马突然死去，却又惹恼君主，使君主不得不处死你，这是第二条死罪。"

听晏婴痛说马夫的前两条死罪，齐景公心中真是乐滋滋的。可晏婴话锋一转，说出了马夫的第三条罪状：

"你触怒国君因一匹马杀死你,使天下人知道我们的国君爱马胜于爱人。因此天下人都会看不起我们的国家,这更是死罪中的死罪,罪不可赦!"

齐景公也是一位聪明的国君,当听到晏婴说完第三条时,立刻醒悟了,知道了自己的错误,于是下令放了马夫。

晏婴没有像其他大臣一样直言,也不是没完没了地批评齐景公,而是三言两语点破,让齐景公自己悟出来,明白自己的过错。于今,社会上许多人却不懂得这个道理,他们批评人时,总是没完没了。究竟是怎样没完没了,有人总结了下面两个方面,值得我们引以为戒:

1. 爱翻陈年老账

有的人为了证明自己的观点是正确的,批评人时喜欢翻陈年旧账,把对方过去的错误甚至不足之处一股脑地翻出来,事实上,这样做往往令对方难以接受甚至恼羞成怒,最终导致双方不欢而散。

人在社会上混,我们应该看到,对于任何一个人来说,错误都是在所难免的,更何况曾经的错误只能代表对方的过去,而现在时过境迁,对方不仅会认为你的批评不是实事求是,而且会认为你是有意责难,无疑会对你的批评产生抵触情绪。

再说,在批评他人时翻老账,尤其是一些犯过某些关乎人格的错误的人,往往会使对方产生你对他的过去耿耿于怀,不肯原谅他的想法,极易使对方产生怨恨心理。

此外，曾经的错误或过失往往是一个人的遗憾或伤痛，而揭开他人伤疤不仅是对人不尊重的表现，而且很容易招致对方的强烈不满，进而影响双方关系。因此，在批评他人时，应该尽量避免翻老账。

2. 上纲上线没完没了

某学生早晨喝完牛奶，就随手从窗户往下扔空牛奶盒子，正巧打着了楼下的一位学生。事情闹到了老师那里，乱扔盒子的学生被班主任叫到了办公室——

"你知道这种行为的严重后果吗？"班主任厉声质问。

"老师，我错了，我以后再也不往下扔东西了！"这时，学生眼里的泪水已在打转。

"幸亏你扔的是纸盒，如果是铁盒、砖块呢？还不给人家脑袋砸破？"

"万一砸出人命来怎么办？"

班主任连连质问、斥责，由纸盒而铁盒而砖块而人命而……说了一大堆，越说越严重，似乎还不满足，仍想继续"发挥"，但这时，学生已充耳不闻，表情淡漠了。这种刺激过多、过强或作用时间过久，而引起心里极不耐烦或逆反的心理，被人们称为"超限效应"。

为避免这种超限效应，我们要把握好批评的"度"，切忌大肆渲染，无限上纲。要学会见好就收，自觉控制不良情绪，留点精力给自己，多点空间给他人，让他人自己去反思，使他人学会自我教育和自我发展，切忌对错误"穷追不舍"，这会让他人产生厌烦心理，反而不利于工作和人际关系的发展。